Ida Küttner-Funke

Stark, körperbewusst und kreativ durch Rhythmik

Rhythmik im Spiegel neurowissenschaftlicher Erkenntnisse

Stark, körperbewusst und kreativ durch Rhythmik

Rhythmik im Spiegel neurowissenschaftlicher Erkenntnisse

Autor:
Ida Küttner-Funke

Verlag:
FQL Publishing, München

Buch: ISBN 978-3-947104-24-6
eBook: ISBN 978-3-947104-25-3

Buchreihe: GEHIRN-WISSEN KOMPAKT

Meinem Mann, meiner Familie, meinen Kolleginnen und Kollegen und allen kreativen Menschen gewidmet, sowie posthum meinem Professor Rudolf Konrad, dem ich folgte auf der Suche nach Räumen der Selbstfindung und Kreativität und deren Berechtigung innerhalb der Rhythmik und darüber hinaus.

Vorwort

Dieses Buch betritt Neuland. Noch nie wurde die Wirkung der Rhythmisch-musikalischen Erziehung auf die neuronalen Netzwerke untersucht, soweit mir bekannt ist. Umso überraschender waren die Ergebnisse. Empirisch Erprobtes lässt sich dank heutiger wissenschaftlicher Erkenntnisse evaluieren.

Dieses „Aha-Erlebnis" möchte ich mit allen pädagogisch, kreativ und künstlerisch Arbeitenden und Interessierten auch aus angrenzenden Fachrichtungen teilen und dazu ermutigen, weiterhin Kreativität und schwer messbare soft skills in Training und Erziehung zu fördern.

Aber es soll hier nicht vorgegriffen werden. Möge das Lesen anregend wirken, dem eigenen Tun Bestätigung verleihen und inspirierte Impulse für das berufliche aber auch private Tun geben.

Ich danke dem Verlag FQL Publishing für das freundliche Engagement bei der Herausgabe dieses Buches.

Herzlichst

Ida Küttner-Funke

Diplom-Rhythmikerin
Master of Cognitive Neurosciences, aon

1. Einleitung

Persönlichkeitsbildung ist heute innerhalb der Arbeitswelt eines der wichtigsten Schlagworte geworden. In Stellenanzeigen wimmelt es von Anforderungen wie „Kommunikationsstärke, Gestaltungskraft, Teamfähigkeit und Führungserfahrung sind unabdingbar...“.

Das private Leben sollte ein Ort der Entspannung und des Kraftholens sein, aber auch dies fällt nicht in den Schoß, sondern verlangt persönlichen Einsatz und Weiterentwicklung. Seminare mit dem Thema Achtsamkeits-, Gedächtnis- und Kommunikationstraining sind wiederholt ausgebucht. Werden diese Anforderungen erst einmal gestellt und verfügt man nicht krisensicher oder so, wie es erwartet wird, über diese Fähigkeiten, ist es schwierig bis unmöglich, sich diese schnell anzueignen.

Die Autorin geht in diesem Buch der Frage nach, welche Voraussetzungen die Entwicklung dieser Persönlichkeitsmerkmale unterstützen und ob die rhythmische Methode dabei zum Gewinn bringenden Einsatz kommen kann. Trotz der Aktualität des Themas räumt unsere Gesellschaft hierzu in der Schule und im Studium, oft selbst in den Kitas, anstatt mehr immer weniger Zeit und Geld ein. Familien stehen unter Druck, den Erziehungszielen aus organisatorischen Gründen wegen des Erwerbs des Lebensunterhaltes genügend Aufmerksamkeit zu erteilen oder brauchen Beratung dazu.

Globalisierung, Veränderungen in der Gesellschaft, Leistungsdruck und ständige und schnelle Erreichbarkeit führen zu unüberwältigendem Stress.

Die neurowissenschaftliche Forschung ist in den letzten Jahren zu wichtigen Ergebnissen gekommen, die für die Reflektion der Persönlichkeitsbildung von großer Bedeutung ist. Im Spiegel dieser Betrachtungen sucht die Autorin nach Antworten. Im Vordergrund stehen dabei die Fragen nach Entwicklung der Kreativität und des Körperbewusstseins und ihre Stärkung durch Rhythmik, da diese Fähigkeiten von der Verfasserin als zwei wichtige Säulen einer gelungenen Persönlichkeitsentwicklung und Gesunderhaltung des Menschen angesehen werden.

Die neurowissenschaftlichen Forschungsergebnisse belegen diese Erkenntnisse ebenfalls. Bei ihren Untersuchungen bezieht die Verfasserin sich in erster Linie auf die Forschungsergebnisse von Gerhard Roth, Nicole Strüber und Tobias Esch.

2. Rhythmik und die Fragestellung des Buches

2.1 Was ist Rhythmik und Rhythmisch-musikalische Erziehung?

Emile Jaques-Dalcroze entwickelte zu Beginn des zwanzigsten Jahrhunderts ein später weltweit verbreitetes musikpädagogisches Verfahren, welches unter „Methode Jaques-Dalcroze" bekannt wurde. Er war 1865 als Sohn wohlhabender Schweizer Geschäftsleute in Wien geboren worden. Nachdem sein starkes Interesse an der Musik auffiel, bekam er mit sechs Jahren Klavierunterricht. 1875 kehrte er mit seiner Familie nach Genf zurück und ging mit 18 Jahren nach Paris, um bei Gabriel Fauré und Léo Delibes Komposition zu studieren. Später schildert er in seinen Schriften, dass er von Fauré den Nutzen gelernt habe, sich einfach auszudrücken und die Gedanken und Gefühle zu kontrollieren.[i]

Abb. 1: Am Klavier nahm die Entwicklung der Rhythmik ihren Lauf

Die Bedeutung kann man nachvollziehen, wenn man Einblick in seine Rhythmische Methode gewinnt, die sich darin auszeichnet, dass die Musik in der Körperbewegung vereinfacht aber klar in ihrer Ausdruckskraft dargestellt werden sollte. Emile Jaques-Dalcroze's Interesse war von Jugend auf in verschiedenen künstlerischen Bereichen angesiedelt. So studierte er in Paris zunächst Schauspiel bei einem Mitglied der Comédie Française und zog mit einer Theatergruppe durchs Land.

Aus dieser Arbeit zog er später viel Nutzen, als er auf der Bühne mit seinen Schülern rhythmische Darstellungen choreografierte und seine Festspielaufführungen leitete. Nach weiteren erfolgreichen Studiengängen, Komposition in Wien bei Anton Bruckner, und in Paris bei M. Lully, einem seiner wichtigsten Lehrer, welcher ihn später zum Entwickeln der Rhythmischen Methode motivierte, arbeitete er als Kapellmeister in Algier, was seine Experimentierfreudigkeit durch die für ihn ungewohnten unregelmäßigen arabischen Rhythmen anregte. Später folgte seine Anstellung als Professor für Theorie und Solfège am Genfer Konservatorium. Die Kurzsichtigkeit der damals vermittelten Methoden war für ihn unbefriedigend, und seine Studierenden empfand er als zu verkrampft und undurchlässig für den Ausdruck der Musik. Sein besonderes Interesse war auf die Wirkung unterschiedlicher Rhythmik auf den Menschen gerichtet.

Um seinen Schülern diese nahe zu bringen, ließ er sie Musikfolgen über die Körperbewegung in Verbindung mit der Sensibilisierung des Hörsinns durch gleichzeitiges Singen erfahren, was als ein sensationeller Aufbruch in einer körperfeindlichen Zeit galt. Bei dieser erfolgreichen Hinführung der Musik zur Umsetzung in Gesang und am Instrument wurde ein starker Einfluss dieser Wechselwirkung von Musik und Bewegung auf die Persönlichkeitsentwicklung des Menschen beobachtet. Emile Jaques-Dalcroze erntete nach anfänglicher Kritik am Konservatorium bei einem Solothurner Schulmusikkongress 1905 große Anerkennung für seine Methode.

Er stellte seine Arbeit besonders erfolgreich im Ausland vor. Anfragen von vielen Musikhochschulen und Konservatorien, endlich auch von Berlin, erreichten ihn. Schließlich gelang es dem deutschen Kultur- und Bildungsförderer Wolf Dohrn, ihn für Hellerau bei Dresden zu gewinnen. Wolf Dohrn war begeistert von Jaques-Dalcroze's Methode, und sah in der Errichtung einer musikalisch-rhythmischen Bildungsanstalt die Lösung, die Wiedergewinnung des Rhythmus in der Erziehung zur Bildung der Persönlichkeit zu kommunizieren[ii].

Hier gelang es Emile Jaques-Dalcroze, seine Arbeit in dieser auf seine Bedürfnisse zugeschnittenen Bildungsanstalt mit großem Festsaal zu etablieren, worauf der große Durchbruch seiner Methode erfolgte. Tausende von Schülern erlernten sie und ließen sich inspirieren. Auch wenn einige von ihnen die Anregungen später auf ihre Weise weiterentwickelten, sie auch teilweise kritisierten, beriefen sie sich immer auf Jaques-Dalcroze.

Er selbst musste später nach Genf emigrieren, weil er zu Beginn des ersten Weltkrieges mit anderen Künstlern gemeinsam einen Protest gegen die Beschießung der Kathedrale von Reims durch die Deutschen unterschrieben hatte.

Aber auch dort gründete er 1915 sein Institut Jaques-Dalcroze, wo er seine Methode hauptsächlich unter pädagogischen Gesichtspunkten weiterentwickelte. Auch hier erhielt er internationale Anerkennung, waren zum Beispiel bei dem 1. Genfer Kongress über Rhythmus und Rhythmik 23.200 Teilnehmer aus verschiedensten Ländern gezählt.

Das bezeugen auch zahlreiche Ehrungen, unter anderem die Verleihung der Ehrendoktorwürde an der Universität Chicago, Lausanne und Clermont-Ferrand. 1947 erhielt er den Musikpreis der Stadt Genf. Die Weiterentwicklung seiner Methode war ihm bis zu seinem Tode (1950) ein Anliegen.

Bis heute hat die Methode Jaques-Dalcroze, bekannt als Rhythmik, in seiner Weiterentwicklung in vielen Anwendungsgebieten an Bedeutung gewonnen. Früh wurde ihre Absichtslosigkeit bezüglich messbarer Leistung geschätzt und den Kindern sowie erwachsenen Teilnehmerinnen und Teilnehmern eine der Individualität angepasste Beschäftigung mit Musik und Bewegung innerhalb einer Gruppe ermöglicht.

Als Émile Jaques-Dalcroze seine Methode entwickelte, gab es mehrere zeitgleiche Reformbewegungen in Pädagogik, Tanz und Sport, denken wir beispielsweise an die „Kestenberg-Reform“ von Leo Kestenberg (Pianist und sozialdemokratischer Reformpolitiker), dessen Reformbemühungen sämtliche Bereiche der Musikpädagogik umfassten und der auch den Studiengang für Rhythmik an den Musikhochschulen durchsetzte.

Rudolf von Laban, angeregt durch Jaques-Dalcroze, gründete als Architekt, Maler und Tänzer das erste freie Zentrum für Ausdruckstanz in München. Viele Schülerinnen und Schüler von Émile Jaques-Dalcroze haben seine Methode weiterentwickelt und einige haben eigene Verfahren hinzugefügt, z.B. Rosalia Chladek das Chladek-System, Mary Wigmann den Ausdruckstanz (Sie lernte und arbeitete nach den ersten Anstößen von Jaques-Dalcroze bei Rudolf Laban), Rudolf Bode seine Rhythmische Gymnastik, Gerda Alexander die Eutonie u.v.m.

Die Eurythmie von Rudolf Steiner hat einen ganz anderen Ursprung und unterscheidet sich wesentlich von der in der Musikpädagogik angesiedelten ideologiefreien Rhythmik und sei hier nur wegen der Namensähnlichkeit erwähnt. Nach Aussagen von Suzanne Perrottet, einer Schülerin von Jaques-Dalcroze, habe dieser sich mit Steiner sogar um den Namen gestritten, weil „Eurhythmie“ durchaus auch als Bezeichnung für seine Methode passend gewesen wäre.

Die Rhythmische Methode wurde von Vertretern der zweiten und dritten Generation in Deutschland weiterentwickelt, teilweise angeregt durch andere Methoden, und wieder etabliert. Einige wenige bedeutende Persönlichkeiten sollen hier Erwähnung finden. Elfriede Feudel (1881-1966) erwarb nach ihrem Musik- und Schulmusikstudium in Hellerau das Rhythmik-Diplom und hatte die Leitung der Rhythmikstudiengänge Dortmund und Essen inne, anschließend als Professorin in Leipzig und Stuttgart.

Elfriede Feudel setzte sich intensiv mit den Kritikern der Methode Jaques-Dalcroze auseinander, reformierte die Rhythmik und etablierte sie besonders für die Erziehung der Kinder wieder in Deutschland. Auch interessant unter dem Gesichtspunkt der neurowissenschaftlichen Erkenntnisse war ihr einmal das Fördern der inneren Balance wichtig: „Die ungeheure, von der Erziehung bisher kaum wahrgenommene Bedeutung der Bewegung liegt darin, dass sie die Verbindung des Unbewussten zum Bewussten darstellt und in dieser Funktion ein notwendiges Ventil für das alles ist, was an seelischen Regungen vorhanden ist und sich nicht in Worten und Taten entladen kann.“[iii], zum zweiten das Fördern der Selbsttätigkeit und Genialität (damit meint sie die reich angelegten Gaben und Fähigkeiten) des Kindes: „Das Sensorium und die Motorik sind in ständigem Austausch und in fördernder Wechselwirkung...er (der Körper) nimmt aber nicht nur auf, sondern antwortet mit mehr oder weniger Freiheit der Gestaltung, wie es die Aufgabe mit sich bringt... Aus diesen Erlebnissen auf einfachster Grundlage gelangt man zu den Betätigungen der einzelnen Sinne und zu den verschiedenen Ausdrucksmöglichkeiten im Zeichnen, Musizieren, Bilden und Gestalten mit jeglichem Material.“[iv].

Ihre Studentin Amélie Hoellering (1920-1995) arbeitete nach diesen Überzeugungen weiter in ihrem eigenen Institut Rhythmikon in München und durchdrang diese Arbeit mit den Erkenntnissen als ausgebildete Psychagogin. Als Lehrbeauftragte an der Staatlichen Hochschule für Musik und Theater Hannover und als Professorin der Musikhochschule München bildete sie Multiplikatoren für ihre aus Sicht der Psychoanalyse weiterentwickelte Rhythmikmethode aus.

Der Schwerpunkt hierbei war der Gedanke, den Menschen im Spannungsfeld der Durchsetzung seiner Selbstständigkeit sowie seiner Anpassung an die Gruppe (Gesellschaft) zu stabilisieren.

Ruth Sieler setzte sich verstärkt für die Anerkennung der Rhythmik als künstlerisches Fach ein, ein Anliegen, das alle Rhythmikerinnen und Rhythmiker mit ihr teilen.

Rudolf Konrad (1922-2006) rutschte während seines Musikstudiums nach seiner Gefangenschaft in Russland[v] eher zufällig in die Ausbildung zum Rhythmiklehrer. Zunehmend interessierte ihn die Befreiung von körperlichen Zwängen durch die rhythmischen Bewegungsübungen. Nach dem Studium in Braunschweig und Berlin und kurzer Anstellung als Hauskomponist am Staatstheater Braunschweig gründete er das erste private Institut für Rhythmik in der BRD. Er unterrichtete erwachsene Laien, oft in Zusammenarbeit mit Ärzten, leitete ab 1970 das Rhythmikseminar der Staatlichen Hochschule für Musik und Theater Hannover, ab 1975 als Professor und später als Gastprofessor an der Musikhochschule in Wien.

Bei seiner Arbeit kam es ihm an auf die Entwicklung von Körperbewusstsein von innen heraus und einer kreativ-ästhetischen Bewegungserziehung, provoziert durch und getragen von Musik. Er hat der Methode Rhythmik durch seine Veröffentlichungen allem voran „Erziehungsbereich Rhythmik - Entwurf einer Theorie“ besonders in Deutschland zu wissenschaftlicher Anerkennung verholfen.

Ausgehend von einer detaillierten Begriffsbestimmung teilt er Rhythmik in Lern-, Erziehungs- und Richtziele ein, die sich an gesellschaftlichen Forderungen orientieren, spricht nicht über Lehrinhalte sondern über Felder, deren Strukturen, Mittel- und Grobziele, sowie Merkmale der Rhythmik. Er definiert darüber, was rhythmische Übungen in Abgrenzungen ähnlicher Verfahren ausmachen. Ausführlich erarbeitet er den Komplex der von ihm benannten somatomotorischen Bildung und den Doppelaspekt von Raum und Zeit innerhalb der Rhythmik aus. In einem umfangreichen Anhang stellt er seine Ansichten zu diversen zusätzlichen philosophischen, pädagogischen und psychologischen Fragestellungen zusammen, die gleichwie seine 21 Thesen im ersten Teil des Buches, als Diskussionsgrundlagen dienen.

Da es nicht die Absicht dieses Buches ist, alle Ziele respektive Felder der Rhythmik unter dem Aspekt neurowissenschaftlicher Erkenntnisse zu untersuchen, sei darauf verzichtet, die vollständige Systematik von Rudolf Konrad hier aufzuführen. Aufgrund der Fragestellung des Buches interessieren besonders die Entwicklung des Körperbewusstseins und der Kreativität durch rhythmische Übungen, ohne Zweifel nur eine Auswahl der Ziele von Rhythmik.

Wie aber sehen konkret Rhythmische Bewegungsübungen aus?

Die Beschaffenheit der Übungen wird gebildet aus den Gegebenheiten Raum-Zeit-Kraft-Form[vi], wie Elfriede Feudel es treffsicher ausdrückt. Raum bedeutet Bewegungs- und Gestaltungsraum, Zeit wird durch Musik vorgegeben, Bewegung dosiert die Kraft und das Ergebnis der Aktion ist eine Form. Das Ziel besteht immer darin, dass die Gruppenmitglieder eine eigene kreative Lösung der Aufgaben in der Interaktion mit den anderen oder auch für sich allein entwickeln. Eine gute Lehrkraft bietet einerseits mithilfe starker Führung und den Einsatz angemessener Medien wie beispielsweise improvisierter Musik, eindeutig formulierter Aufgaben oder Anregungen durch Rhythmikgeräte Orientierungshilfen an und lässt andererseits chaotische Wege zu, um Gelegenheit zu geben, kreative Lösungen zu finden, auch wenn die Herangehensweise mitunter zum Scheitern verurteilt ist.

Ein **Beispiel**: Einige Stühle stehen an der Wand. Zur improvisierten Klaviermusik der Rhythmiklehrerin oder des Rhythmiklehrers gehen die Teilnehmerinnen und Teilnehmer im Takt der Musik einen selbstgewählten Weg durch den Raum. Immer, wenn die Musik pausiert, wird ein Stuhl von einer Teilnehmerin oder einem Teilnehmer in eine beliebige Position an einen selbst gewählten Platz im Raum gebracht.

Das wird mehrere Male wiederholt, bis alle Stühle letztlich zu einer Skulptur zusammen formiert sind. Anschließend integrieren sich die Teilnehmerinnen und Teilnehmer ebenfalls in beliebiger Körperhaltung in diese Skulptur mit hinein.

Zusammenfassend kann man sagen: Rhythmik ist ein musikalisches Bewegungstraining in der Gruppe, das darauf abzielt, das Körperbewusstsein und die individuelle ästhetische Bewegung zu fördern, kreative und musikalische Fähigkeiten zu entfalten und zu stärken, für kommunikative Prozesse zu sensibilisieren sowie Flexibilität zu entwickeln.

2.1.1 Rhythmisch-musikalische Erziehung für Kinder

Rhythmik, im Angebot für Kinder oft als Rhythmisch-musikalische Erziehung bezeichnet, bietet den Kleinen unter Berücksichtigung ihres Bewegungsbedürfnisses viele Gelegenheiten, ihre künstlerischen Anlagen zu fördern. Sie entdecken ihre Fähigkeiten, gehen spielerisch damit um und entwickeln

Abb. 2: Rhythmisch-musikalische Erziehung für Kinder

sie mit viel Spaß. Bei den rhythmischen, musikalischen Bewegungsübungen und dem Experimentieren mit Rhythmikgeräten wie Bällen, Reifen, Tüchern, Instrumenten u.v.m. In der Gruppe entfaltet jedes Kind seine Persönlichkeit dadurch, dass es eigene Lösungen finden darf.

Die Rhythmikgeräte dienen lediglich als Handlungsauslöser, geben Impulse für Bewegungen und Entdeckungen im Umgang mit ihnen, können Ausdrucksverstärker der individuellen Aussagekraft werden.

Angeboten wird Rhythmik für Kinder weltweit in den verschiedensten Institutionen. In Deutschland finden wir die Anwendung des Verfahrens in Kindergärten, Musikschulen, privaten Instituten, oft in heilpädagogischen Einrichtungen und leider nur selten in der allgemeinbildenden Schule. Alle Anstrengungen, Rhythmik in allgemeinen Bildungsbereichen zu verankern und für Rhythmikerinnen und Rhythmikern angemessene Arbeitsbedingungen bezüglich Räumlichkeiten, Gruppengrößen und Anstellungsverhältnissen zu schaffen, sind aus verschiedensten Gründen gescheitert. Einschränkungen ergeben sich wesentlich durch die Zuordnung des Studiengangs an die Musikhochschulen, was allerdings für den Erwerb der notwendigen künstlerischen Ausbildung unerlässlich ist.

2.1.2 Rhythmik in der Erwachsenenbildung

Traditionell wird Rhythmik mit Laien durchgeführt. Abgesehen von Hauptstudiengängen mit dem Fach Rhythmik gibt es mittlerweile eine Reihe von Weiterbildungsangeboten für Erzieher, Lehrer sowie Künstler.

Das Kursangebot für Laien ist in letzter Zeit rückläufig, da sich viele ähnliche Verfahren, die sich zum Teil an der Rhythmik orientiert hatten, im Markt etabliert haben.

Abb. 3: Rhythmik für Erwachsene

Auch bei Erwachsenen ist es das Ziel, Musik und Bewegung als Medium zur Freisetzung von Befindlichkeiten zu verwenden. Es gilt den eigenen Rhythmus zu finden, ihm treu zu bleiben, den der anderen wahrzunehmen und innerhalb der Gruppe zu einem Konsens zu kommen. Durchsetzen und Anpassen[vii] ist eines der hauptsächlichen Ziele der rhythmischen Methode.

Die Bewegungsübungen werden getragen durch die Musik und fordern die Teilnehmerinnen und Teilnehmer dazu auf, gestalterische Ideen zu entwickeln. Oft werden verdeckte und vergessene Fähigkeiten und Persönlichkeitsmerkmale wieder aus dem Dornröschenschlaf geweckt, und die verschiedenen Individuen blühen in ihren Bewegungen, ihrem Verhalten und ihrer Ausstrahlung erneut auf.

Die Autorin wendet in ihren Trainings im Bereich persönlichkeitsbildender Seminare die rhythmische Methode auf ganz spezifische Weise an. Für die Erwachsenenbildung entwickelte sie eine eigene Trainingsmethode, indem sie rhythmische Übungen als festen Bestandteil in persönlichkeitsbildende Seminare integrierte, um Erfahrungen zu vermitteln, die sich über den kognitiven Weg nicht erfassen lassen. Einzelne Themen werden zunächst in Form von rhythmischen Bewegungsübungen mit Musik durchgeführt. Beispielsweise soll das Team im Teambildungsseminar eine rhythmische Bewegungsübung mit mehreren Bällen im genauen Takt der Musik ohne Fehler und ohne Hilfe der Leiterin unter Einbeziehen aller Mitglieder durchführen.

In der anschließenden Reflektion betrachtet das Team gemeinsam mit ihrer Trainerin den Lösungsweg und das Verhalten der einzelnen Teammitglieder. Befindlichkeiten und Reaktionsmuster werden in der Kürze der Zeit, die eine rhythmische Übung zur Durchführung braucht, durch das spontane und unverhüllte Verhalten offen gelegt und sichtbar gemacht. Die Erfahrungen werden anschließend auf die Situation am Arbeitsplatz oder im privaten Leben übertragen und reflektiert.

2.2 Der Unterschied zu anderen vergleichbaren Bildungsangeboten

Die Einzigartigkeit der Rhythmik ist trotz einer Vielzahl ähnlicher Anwendungsmethoden nicht wegzudenken. In keinem anderen Verfahren spielt die Wechselwirkung von Musik und Bewegung diese wesentliche Rolle. Musik wird nicht irgendwann hinzugefügt oder ist der Mittelpunkt des Geschehens, sondern das Hauptaugenmerk ist auf seine Wirkung auf den Menschen gerichtet.

Musik wird gezielt eingesetzt, um gewünschte Prozesse in der Gruppe und beim Einzelnen zu initiieren. Unter diesen Gesichtspunkten wird sie ausgewählt und gegebenenfalls häufig im Unterrichtsablauf verändert. Diese dialogische Herangehensweise zwischen Leiter und Gruppe ermöglicht dem sich Bewegenden den Weg, seiner Individualität in Bewegung und Gestaltung verstärkt Ausdruck zu verleihen und durch die Konzentration auf die Bewegungsabfolgen und durch verschiedene körperbezogene Techniken sein Körperbewusstsein zu sensibilisieren. Methoden im Sport und Tanz verfolgen im Gegensatz dazu ein konkretes Ziel, für das verschiedene Techniken erlernt und eingesetzt werden müssen.

Nicht nur der Umgang mit der Bewegung, sondern ebenfalls das Spiel mit und auf Instrumenten verfolgt diese Absichtslosigkeit und möchte dem Ausführenden ermöglichen, die Kraft und Dynamik von Rhythmen und Melodien zu erfahren und ihm zu kreativem Umgang mit den Klängen und der eigenen Stimme zu verhelfen.

Im Gegensatz dazu verfolgt der eher verschulte Ansatz der Musikerziehung für Kinder und der musikalischen Ausbildung für Erwachsene immer ein von der Sache her definiertes Ziel, das es zu erreichen gilt, auch wenn rhythmische Übungen eingesetzt werden, um dieses Ziel effektiver zu erreichen. Hierin liegt ebenfalls ein wertvoller Nutzen der Rhythmik. Aber leider wird sie häufig nur darauf beschränkt. Diese Reduzierung verstümmelt die Bildungsmöglichkeiten der Rhythmik enorm, - bis hin zu einseitiger unreflektierter Konditionierung von Momenten der Musik auf die der Bewegung.

Im Extremfall verbirgt sie sogar unter Umständen die Gefahr in sich, die Methode auf eine Technik zu reduzieren, die fragwürdige Moral oder Politik unterstützt, wie es mit ähnlichen Verfahren beispielsweise im Faschismus geschah. Solchen unerwünschten Entgleisungen in der Rhythmik entgegen zu arbeiten, war in der Zeit nach dem zweiten Weltkrieg eine Herzensangelegenheit vor allem von Rudolf Konrad. Abgrenzung von Tendenzen, in die falsche Richtung zu erziehen, verfolgte er mit vollem Engagement, hatte er im Krieg den Missbrauch von Musik und Bewegung selbst miterlebt[viii].

Rhythmik sollte nicht in diffuse Erlösungsvorstellungen abgleiten, sondern den Menschen ohne ideologische Verfärbung durch einen emanzipatorischen Erziehungsansatz darin stärken, den Anforderungen seiner Zeit und seiner Zukunft gewappnet zu sein, indem seine Fähigkeiten dafür ausgebildet werden sollten.

„In einer sich in schnellem Wandel befindlichen Welt wird der Mensch sich ändern müssen, wenn er überleben will. Die traditionelle Moral forderte von ihm, dass der Schuster „bei seinem Leisten bleibe". Eine neue Moral müsste genau das Gegenteil einfordern: Sie muss ihm helfen, sich hinauszuwagen. Er darf nicht Gefangener seines Platzes sein, er muss (seine) Grenzen überschreiten, er muss sich entgrenzen. Stabilität lautete die Forderung der Vergangenheit. In der stabilen Welt ist es eine Frage des Überlebens, mobil, flexibel zu sein. Flexibilität aber hängt zusammen mit Offenheit sich selbst und anderen gegenüber.

Offenheit (Kreativität) ist Angstfreiheit. Hingegen verursacht Angst auch Bequemlichkeit, denn Arbeit wird, wie bisher, nicht mehr der bedeutsamste Inhalt des Lebens sein. Möglicherweise besteht die Sicherheit, nach der gesucht wird, in der Bejahung der Unsicherheit."[ix]

Auch Hoellerings provokant formulierte Absichtslosigkeit der rhythmischen Übungen zielt ebenfalls darauf hin. Geben wir besonders dem Kind aber auch später dem Erwachsenen Raum und Erlaubnis, auszuprobieren und das Geschehen in einer Rhythmikstunde mit zu beeinflussen und mitzugestalten, nach einer eigenen Lösung der Aufgabe zu suchen, eine eigene Klangfolge auf dem Xylophon zu entwickeln, als „Löwe" durch den Reifen zu springen oder sich als „Erdmännchen" darin zu verstecken, sich als Erwachsener während der Musikphase weit vom Reifen wegzubewegen oder lieber im Schutze seiner Nähe zu bleiben. Der Respekt vor der Persönlichkeit des anderen und die Entwicklung seiner individuellen

Fähigkeiten und seiner Kreativität macht Rhythmik aus. Bei einem solchen Konzept, in dem man Spaß an Musik und Bewegung miteinander haben darf, kann Dopamin ausgeschüttet werden. Ein sachbezogenes verschultes Programm interessiert nur wenige Kinder, und es ist nicht verwunderlich, dass die Rhythmikangebote oft nach beispielsweise streng und langweilig durchgeführten Früherziehungsprogrammen als wahre Rettung wahrgenommen werden, wenn es nicht schon zu spät ist, und Musik und Bewegung als uninteressant eingestuft werden.

Leider aber gibt es auch im Bereich der rhythmischen Erziehung hin und wieder einengende Konzepte, die der Idee von Rhythmik nicht gerecht werden. Davor sei gewarnt. Warum darf denn ein Mädchen nicht zehn Mal als Eisprinzessin zu Leopold Mozarts Schlittenfahrt tanzen oder ein Junge nicht als Superman an der Trommel eigene Rhythmen erfinden? Was spricht dagegen, dass eine Gruppe lieber Rhythmen in der Bewegung mit Bällen realisiert und eine andere lieber mit Tüchern, und das ein halbes Jahr lang?

Erwachsene sind eher in der Lage, für sich nach Methoden aus dem Musik- und Bewegungsbereich, die zu ihnen passen oder die sie im Moment brauchen, zu suchen. Hier ist es eher das Problem, dass sie sich nicht erlauben, absichtslos zu probieren und ohne Kritik sich selbst gegenüber oder von anderen, eigene Kreativität und Individualität zuzulassen.
Rhythmik hat die Freiheit, dicht an der Individualität des Menschen zu arbeiten, ihm zur Kreativität zu verhelfen. Sie darf sich nur nicht von immer wieder neuen anderen Metho-

den, die gerade heute oder morgen modern sind, an den Rand drängen lassen, geschweige denn, sich genötigt fühlen, diese nachzuahmen.

Die Unterscheidungsmerkmale zu anderen Methoden, die mit Bewegung und Musik arbeiten, bedeuten allerdings nicht, dass es gar keine Überlappungen mit ihnen geben kann. Daraus folgen keine Einbußen für die Eigenständigkeit der Rhythmik. Im Gegenteil, die verschiedenen Verfahren befruchten sich bei einigen Inhalten untereinander, und das Spektrum innerhalb einer Rhythmikstunde wird erweitert, falls es das Thema oder die Gruppe erwarten lässt.

2.3 Die Fragestellung dieses Buches

In ihrer über hundertjährigen Existenz wurden Wirkungsweise und Ziele der Rhythmik immer wieder neu definiert. Fachbücher stellen vorwiegend Praxisbeispiele dar und beschränken sich gerne darauf, die Frage lediglich im Vorwort zu beantworten. Neuere Definitionen sind kaum erschienen, was damit zusammen hängt, dass das Fach an einer künstlerischen Hochschule angesiedelt ist und künstlerische Darbietungen professionell zu entwickeln vorrangig ist. Differenzierte und aufschlussreiche Ausführungen finden wir bei Röthig[x], und Konrad[xi] wie oben beschrieben[xii]. Röthig geht von den Merkmalen des Rhythmus aus und beleuchtet aus diesem Blickwinkel seine Bedeutung für die Erziehung.

Dieses Buch möchte sich mit zwei wesentlichen Zielen der Rhythmik auseinandersetzen, der Entfaltung der allgemeinen Kreativität und der Förderung des Körperbewusstseins. Beide

Fähigkeiten ermöglichen dem Menschen einen Weg, ein vielseitiges, gesundes Leben zu führen und immer wieder Lösungsmöglichkeiten für Engpässe zu entwickeln.

Viele rhythmische Übungen werden dem Bereich der Erfindungsübungen zugeordnet, heute Kreativitätsübungen genannt. Konrad[xiii] spricht von Kreativität fördernden Prozessen innerhalb des großen Feldes der somatomotorisch-ästhetischen Erziehung, ein von ihm als solches definiertes Bildungsziel innerhalb der Rhythmik.

Die Sensibilisierung des Körperbewusstseins war ja schon die Grundidee von Emile Jaques-Dalcroze und wird immer wieder von verschiedenen Ausgangspunkten, wie z.B. Gesundheit oder Persönlichkeitsbildung, definiert und als wesentlicher Inhalt rhythmischer Erziehung betrachtet.

Kreatives Schaffen und ein kreativer Denkstil schlechthin hat mittlerweile in unterschiedlichsten Arbeitsbereichen und für das private Leben an Bedeutung gewonnen. Die Entwicklung von Kreativität und Körperbewusstsein beginnt im frühen Lebensalter und sollte kein Ende nehmen. Auch die Sozialwissenschaften und Wirtschaftswissenschaften unterstützen die Bedeutung der Kreativitätsentwicklung, und ein gelungenes Gesundheitsmanagement gelingt nur, wenn der Mensch über genügend Körperbewusstsein verfügt. Die neurowissenschaftlichen Forschungsergebnisse belegen diese Erkenntnisse ebenfalls.

In diesem Buch soll die Hypothese aufgestellt werden, dass beide Fähigkeiten für eine ausgeglichene Lebensgestaltung unerlässlich sind, neurowissenschaftliche Forschungsergebnisse dies belegen, und dass die Neurowissenschaften die Bedeutung der Rhythmik als Kreativität und Körperbewusstsein steigernde Methode für die Persönlichkeitsentwicklung stärken.

Daraus ergeben sich folgende zu untersuchende Fragestellungen:

- Wie verläuft die Entwicklung der Persönlichkeit unter besonderer Berücksichtigung der Ausbildung von Kreativität aus neurowissenschaftlicher Sicht?
- In welcher Weise unterstützt Rhythmik in diesem Zusammenhang die Entwicklung kreativer Fähigkeiten?
- Wie fördert Rhythmik das Körperbewusstsein, und inwiefern beschreiben die Neurowissenschaften dieses Bewusstsein als Voraussetzung für eine gelungene Salutogenese?

3. Die Entwicklung der Persönlichkeit aus neurowissenschaftlicher Sicht

3.1 Das neurobiologische Vier-Ebenen-Modell der Persönlichkeit

Das interdisziplinäre neurobiologische Vier-Ebenen-Modell der Persönlichkeit von Roth, Cierpka und Strüber erweist sich in seiner übersichtlichen Darstellung als eine neurowissenschaftlich gesicherte aber auch allgemein verständliche Grundlage, die Vorgänge bei der rhythmischen Arbeit zu beleuchten. Es ist anzunehmen, dass die Ausführungen und Thesen bezüglich sensomotorischer Entwicklung und Förderung im Bereich der Fachliteratur Rhythmik und der angrenzender Disziplinen veraltet und/oder unzureichend dargestellt sind.

Die differenzierten neurowissenschaftlichen Forschungsergebnisse lassen einen tieferen Einblick zu. Im Folgenden sei ein sehr vereinfachter Überblick des neurobiologischen Vier-Ebenen-Modells gegeben, gestützt auf die Ausführungen von Roth[xiv], Roth[xv] sowie Roth und Strüber[xvi], und an den Stellen, an denen es zulässig zu sein scheint, sei ein Bezug zu den Prozessen innerhalb der Rhythmik hergestellt.

3.1.1 Die untere limbische Ebene: unser vegetativ-affektives Selbst

Die untere limbische Ebene steuert unsere wichtigsten Körperfunktionen und unsere lebenswichtigen angeborenen Verhaltensweisen. Ohne diese oder bei Fehlfunktionen in dieser Ebene könnten wir nicht leben. Zumindest wären wir völlig hilflos.

Zur **unteren limbischen Ebene** gehören:

- die präoptisch-hypothalamische Zone,
- das zentrale Höhlengrau,
- das pedunculopontine tegmentale Kerngebiet,
- der Locus coeruleus,
- und die Raphe-Kerne[xvii].

Diese limbische Ebene entsteht im Fötus früh ab der 7. Schwangerschaftswoche. Über das Gehirn der Mutter kann sie in ihrer Entwicklung beeinflusst werden, je nachdem ob die Mutter positive oder negative Erlebnisse hat. Das hängt damit zusammen, dass die Blut-Hirn-Schranke noch durchlässiger ist und die im Gehirn der Mutter ausgeschütteten Botenstoffe über die Blutbahn den Fötus erreichen.

Gibt es einen Bezug zur Rhythmik?

Bereits an dieser Stelle soll eine auf Rhythmik bezogene Aussage gewagt werden. Positive und negative Erlebnisse der Mutter sind in diesem Zusammenhang in erster Linie allgemeiner zu betrachten und beziehen sich eher auf glückliche oder Angst besetzte Lebenssituationen. Aber nichtsdestoweniger können wir davon ausgehen, dass sich nicht alle Situationen im Leben unserer Kontrolle entziehen. Liegt es in der Hand der Mutter, sich in angenehme entspannte Situationen zu begeben, würden Rhythmikstunden angebracht sein.

In einer Gruppe, die der Mutter angenehm ist und in denen sie entspannte oder positiv stimulierende Situationen erlebt, würden positive Erlebnisse und Gefühle ebenfalls Gewinn bringend für das Kind sein. Gerade die Beschäftigung mit Musik und Bewegung setzen einen hohen Grad an Emotionalität frei.

Des weiteren muss Rhythmik nicht um ihrer selbst willen ein Leben lang ausgeführt werden, sondern soll auch inspirierende Anstöße dazu geben, sich mit anderen ähnlichen künstlerischen Tätigkeiten zu beschäftigen, was zusätzlich lebensbejahende Auswirkungen haben kann. Nutzt die Mutter die Möglichkeiten der Rhythmischen Übungen, um in eine innere Balance zu kommen, werden günstige Neuromodulatoren, -peptide und -hormone ausgeschüttet und erreichen den Embryo.

Ein **Übungsbeispiel**:
Die Teilnehmerinnen sitzen paarweise gegenüber auf dem Boden. Sie rollen einen Ball zwischen sich hin und her und kommen dabei in einen für sie angenehmen Rhythmus des Ballrollens. Die Rhythmiklehrkraft übernimmt dieses Tempo, das sich im Laufe des Prozesses unter allen Paaren angleicht, ins improvi-

sierte Klavierspiel im Dreiertakt. Durch die Dynamik der Musikbegleitung gelenkt, kommen die Teilnehmerinnen, ohne das Rollen zu unterbrechen, zum Stehen und Umhergehen. Dabei wird der Ball geworfen.

Bei Beendigung der Klaviermusik werden die Bälle an die Wand geprellt und sich selbst überlassen. Die Teilnehmerinnen legen sich auf Decken, um unter Leitung eine Atemübung zur Entspannung durchzuführen.

Obwohl sich die Autorin in diesem Buch nicht auf die therapeutische Anwendung von Rhythmik, sondern auf das pädagogische Verfahren in der Kindererziehung und im Trainingsbereich der Erwachsenenbildung bezieht, sei an dieser Stelle ein kleiner Exkurs in weitere Arbeitsbereiche von Rhythmik gestattet. Betrachten wir die Produktionsorte des Neuromodulators Serotonin. „Über die Ausschüttung von Serotonin werden die allgemeine Hirnentwicklung und darüber hinaus circadiane Rhythmen sowie Schlafen und Wachen beeinflusst, ebenso alle affektiv-psychischen Funktionen.

Veränderungen in serotonergen Neuronen und ihren Zielrezeptoren werden mit psychischen Erkrankungen wie Depression und Angststörungen in Verbindung gebracht.“[xviii] Psychotherapie arbeitet vor allem im klinischen Bereich mit Unterstützung von Körperarbeit, Musik- und Kunsttherapie. An dieser Stelle sind ebenfalls Rhythmiker mit einem therapeutischen Ansatz tätig.

Zurück zum Bezug auf die Funktionen der unteren limbischen Ebene. „In ihrer individuellen Ausformung legen die Eigenschaften dieser Zentren das Temperament fest, mit dem die Personen auf die Welt kommen, d.h. sie bestimmen, ob eine Person neugierig-draufgängerisch oder vorsichtig ist, kommunikativ oder wortkarg, mutig oder ängstlich."[xix]

Welche Bedeutung für das Temperament haben die Möglichkeiten der Rhythmik? Sie kommen besonders in ihrem Angebot für Kinder diesem Tatbestand entgegen. Fernab von jeglichem verschulten System, bietet sie den verschiedenen Charakteren Raum, sich adäquat den Unterrichtsangeboten zu nähern, geht es doch darum, dass jedes Kind in seiner Persönlichkeit ernst genommen wird und gefördert werden soll und nicht darum, ein fachliches Lernziel zu erreichen.

Die bevorzugte kleine Gruppengröße ermöglicht das Eingehen auf jedes einzelne Kind. Das neugierig-draufgängerische Kind wird beispielsweise gelenkt durch entsprechende Klavierimprovisation, das vorsichtige darf in halben Tempo und behütetem Raum probieren, das kommunikative stimmt den Gesang an und hilft einem anderen Kind, das wortkarge kann sich mit einem kleinen Handinstrument äußern, oder das ängstliche wird an die Hand genommen und durch Gesang getragen.

Rhythmik macht sich die Situation des einzelnen Kindes und der Gruppe zur Aufgabe. Bezogen auf die Förderung der Kreativität, ist Raum gegeben, dass jede einzelne kleine Persönlichkeit auf seine Weise Lösungen für die gestellte Aufgabe finden kann, und dazu den Weg wählen darf, der zu seinem Charakter passt.

Das löst Motivation aus und das Kind fühlt sich ernst genommen. Dopamin wird ausgeschüttet und kreatives Tun als positiv bewertet. Nach befriedigender Erfüllung der Aufgabe stellt sich Serotonin ein, und die Lehrperson hat die Möglichkeit, das Interesse für eine weitere kreative Aufgabe zu wecken.

Dass dieser Dialog, der Unterricht auf Gegenseitigkeit, hohe Anforderungen auf die Lehrperson stellt, zeigen folgende Beispiele: „Es war eine unruhige Kinderstunde, alle schrien durcheinander, die Lehrerin konnte mit keiner Aufgabe durchkommen. Schließlich verlor sie die Kontrolle und brüllte die Kinder an: „Was fällt euch ein! Hier habt ihr Unterricht, hier sollt ihr arbeiten, hier ist kein Spaß…“ Dann erschrak sie!

„Ein stilles, schüchternes, sprachbehindertes Kind ließ sich eines Tages von der Gruppe mitreißen, wurde frech und laut und störte den Stundenverlauf. Daraufhin die Lehrerin: „Jetzt wirst du auch noch frech, das geht doch wirklich zu weit…“ Dann erst registrierte sie, dass das Kind eben gar nicht gestottert hatte, und dass es eine Leistung war, auch einmal frech zu werden.“[xx]

Diese Beispiele zeigen extreme Situationen auf, die allerdings je nachdem, in welcher Umgebung eine Rhythmikstunde durchgeführt wird, nicht selten vorkommen.

Anstrengende Gruppenkonstellationen sind heute nicht selten anzutreffen und fordern viel Geduld und Nachsicht der Lehrkraft. Der dialoge Verlauf einer Stunde schlechthin fordert die Nervenkraft der Rhythmiklehrerin oder des Rhythmiklehrers in jedem Fall heraus, da eine Sensibilität den Impulsen gegenüber, die aus der Gruppe kommen, gegeben sein muss und auf die geantwortet werden sollte. Das bedeutet, dass die geplante Aufgabenfolge oft verlassen werden muss. Allerdings liegt hierin auch der besondere Reiz, eine Rhythmikstunde zu leiten, und es ist oft sehr genussvoll, anregend und nie langweilig, von den reichen unerwarteten Ideen und Antworten der Kinder, Jugendlichen und Erwachsenen stimuliert zu werden.

Für Erwachsene liegen die Dinge nicht ganz anders als für Kinder. Da individuelle Lösungsmöglichkeiten erwünscht sind, können unterschiedliche Temperamente auf geeignete Weise agieren. Aus verschiedenen Musikbeispielen kann das passende herausgesucht werden und die Bewegungsübungen angepasst werden. Die Arbeitsweise von Rhythmik innerhalb einer Gruppe ermöglicht, dass aus den verschiedenen Charakteren ein ideales Team erwächst. Die unterschiedlichen Persönlichkeiten befruchten sich gegenseitig und kommen gemeinsam im Prozess des Schaffens zu kreativen Lösungen.

3.1.2 Die mittlere limbische Ebene: unsere emotionale Konditionierung

Die mittlere limbische Ebene ist neben der oberen limbischen Ebene für die Fragestellung dieses Buches von besonderer Bedeutung. In der Lebensphase, in der sie maßgeblich entsteht, gibt es reichliche Chancen, im Rhythmikunterricht auf die ganz Kleinen positivst einzuwirken, und diese sollten nicht verpasst werden. Ebenso schwerwiegend ist es, in dieser Entwicklungsphase Fehler im Umgang mit den Kindern zu machen oder den Kleinen zu wenig Beachtung zu schenken.

In früheren Jahren hielt man es für sinnvoll, erst Vierjährigen Rhythmik anzubieten. Dann setzten sich Eltern-Kind-Kurse durch für Zwei- bis Dreijährige. Man ging davon aus, dass die Kleinen vorher kaum gruppenfähig seien und Rhythmikunterricht, in dem die Gruppe und ihre Dynamik Unterrichtsinhalt ist, keinen Sinn machen würde.

Glücklicherweise fragten Eltern bald darauf immer früher nach, ob sie nicht mit ihren Einjährigen und noch jüngeren Kindern kommen könnten. Warum sollte man ihrem Wunsch nicht entsprechen, zumal die wichtigen Liedspiele auf dem Schoß der Eltern in Vergessenheit geraten waren.
Die Verfasserin des Buches nahm diese Interessenten versuchsweise in ihrer Kinderschule auf und installierte dieses Angebot nach den ersten Erfolgen recht schnell ins Programm. Glücklicherweise! Denn schauen wir uns einmal aus neurowissenschaftlicher Sicht an, was in dieser Lebensphase passiert.

„Die mittlere limbische Ebene hat mit unbewusster Emotionsentstehung und Emotionskontrolle zu tun, mit unbewusster Verhaltensbewertung und in diesem Zusammenhang mit unbewusster emotionaler Konditionierung. Sie ist für die Psyche die wohl wichtigste „Etage“ des Gehirns.“[xxi]

In dieser Phase macht das Kleinkind zwar unbewusste, allerdings sehr prägende Bindungserfahrungen. Es lernt seine eigenen Gefühle zu differenzieren und die anderer zu verstehen. Dies geschieht unter Anleitung der Mutter, bzw. der ersten Bezugsperson.

In diesem Prozess beginnt das Kind auch damit, Belohnungserfahrungen und Belohnungserwartungen zu entwickeln. Diese Vorgänge prägen die Persönlichkeit sehr stark, bleiben aber unbewusst oder unterliegen der sogenannten infantilen Amnesie, die seit Sigmund Freud den Zustand beschreibt, dass wir keine bewussten Erinnerungen an unsere ersten beiden oder drei Lebensjahre haben.

Zur **mittleren limbischen Ebene** gehören:

- die septale Region
- der Amygdala-Komplex (vereinfacht Amygdala)
- die Basalganglien, darin enthalten das 1. Corpus striatum, das sich zusammensetzt aus dem Nucleus caudatus, dem Putamen, dem Nucleus accumbens, 2. den Globus Pallidus, 3. den Nucleus subthalamicus, 4. die Substantia nigra und 5. das ventrale tegmentale Areal (VTA)
- die dorsale und ventrale Schleife

- der Thalamus
- der Hippocampus und umgebende Rinde[xxii]

Welche Bedeutung ergibt sich für die rhythmische Arbeit?

Da man annimmt, dass die Bahnen des Septums (septale Region) als Schaltstelle zwischen dem übrigen limbischen System und dem Cortex den Grad der corticalen Nervennetze durch sensorische Eingänge und die Verarbeitung sensorischer Informationen im Kontext früherer Erfahrungen beeinflussen[xxiii], sind lustvolle, angenehme, interessante und vielseitige Reize durch rhythmische Übungen eine wertvolle Stimulanz.

Das Kind registriert, dass Ausprobieren von Bewegung, Stimme, Klang und Melodie sowie Fühlen und Formen Anerkennung erzeugt.

Die primäre Bezugsperson ist in unmittelbarer Nähe, unterstützt das Kind darin mithilfe der Lehrperson durch Vor- und Mitmachen. Vielseitige dem Kleinkind gerechte Impulse erwecken das Interesse des Kindes und lässt es durch das erhaltene Lob und das Gestreichelt- und Geliebkostwerden dabei registrieren, dass Probieren - Offenheit - und damit kreatives Tun belohnt wird.

Außerdem lösen Aktivitäten mitunter weitere interessante sensorische Reize aus. Z.B. wenn ein Stoffball in Bewegung gebracht wird, klingelt er. Und wenn das andere Kind den Ball infolge erhält, freut es sich, und das erste Kind empfängt Lob, und man bedankt sich bei ihm. Es erfährt: „Bewegen lohnt sich, mit meinen Körper probieren lohnt sich, ich werde mir meines Körpers bewusst." Sich bewegen löst kreative Handlungen aus, die auf Anerkennung stoßen und belohnt werden.

Gemeinsames Liedersingen und adäquates Begleiten auf Instrumenten festigt die positive Erinnerung und schafft einen Wiedererkennungswert über das Auditive. Dabei ist auf kindgerechte Lied- und Musikauswahl zu achten. Nicht zu laut und aufdringlich, vorzugsweise klassisches Kinderliedgut einfach begleitet, nicht poppig, aber trotzdem nicht langweilig.

Es wäre sicher nicht falsch, sich über die Beschaffenheit des Rhythmikraumes in diesem Bezug und auch unter Berücksichtigung des Umfangs der sensorischen Informationen, wie z.B. olfaktorische, gustatorische, somatosensorische, visuelle und auditorische, Gedanken zu machen. „Gesunde", natürliche Materialien in der Raumausstattung, besonders des Bodens würden positive Signale ausstrahlen. Angenehmes Licht und ausgleichend wirkende Gerüche unterstützen den Erfolg.

Ein **Beispiel**:

Im gelüfteten, warm ausgeleuchteten Raum sitzen Eltern im Kreis mit ihrem Kleinkind auf dem Schoß auf dem Korkboden. Die Rhythmiklehrerin oder der Rhythmiklehrer hat in einer Mondlaterne ein Licht entzündet und kommt „Laterne, Laterne" singend in den Kreis. Die Kinder sehen das lachende Mondgesicht, freuen sich mit den anderen und klatschen von selbst oder auf Anregung hin mit den Händchen. Die Stimmung ist freudig und angenehm. Die Kinder bekommen anschließend ein kleines Handinstrument und begleiten den Singsang. Vielleicht gibt es sogar im Anschluss noch ein Weckmännchen.

Hier spielt der Amygdala-Komplex ebenfalls eine bedeutende Rolle. Die Amygdala wird aktiv, wenn das Kind im Zusammensein mit der Gruppe erfährt, dass in einigen Fällen Schutz suchen, z.B. bei der Mutter oder beim Lehrer, angebracht ist.

Aber es lernt auch, ein anderes Kind, das z.B. ängstlich ist, zu streicheln oder mit ihm zusammen die Cymbel anzuschlagen oder den Stoffhund zu streicheln. Der Nucleus accumbens (manchmal auch die Amygdala - wann und wie ist noch nicht endgültig neurowissenschaftlich belegt) wird eher aktiv, wenn das Kind positive Überraschungen erfährt.

Außerdem kommt dem Nucleus accumbens eine Bedeutung zu im Zusammenhang von motivationalen und lustvollen Zuständen und dem Belohnungswert von Objekten und Handlungen. Hier verfügt Rhythmik in vielerlei Hinsicht über diverse Möglichkeiten, dem Kind positive Erfahrungen zu vermitteln und diese für das spätere unbewusste Abberufen im Erwachsenenalter zu speichern. Alle Übungen lösen verschiedene sensorische Reize aus. Wichtig ist, dass das Kind dabei zum Tun angeregt wird und dafür Anerkennung erhält.

Laternenkind, gib acht!

Text und Melodie: Ida Küttner-Funke

La - ter - nen - kind, gib acht, es
kommt die dunk - le Nacht. Wir zie - hen durch die
Stra - ßen, komm' mit und leu - chte sacht.

2. Du, *Jonas**, nimmst den Mond,
*Simone** wählt den Stern.
Wir reichen uns die Hände,
zusammen geh'n wir gern.

**oder ein Name der beteiligten Kinder*

3. Es leuchtet rot und gelb,
dort lila, blau und grün,
die Leute schau'n durch's Fenster,
woll´n unsre Lichter seh'n.

4. Wir Kinder geh'n nach Haus,
wenn alles Licht verglüht,
der große, frische Weckmann
erwärmt Herz und Gemüt.

Abb. 4: Aus der Rhythmik mit Kindern
Elefantenlaterne von Lea, 5 Jahre
Aus Kinderbuch „Hüpfende Lieder"©
Lied Ida Küttner-Funke© - Illustration Magdalena Küttner ©

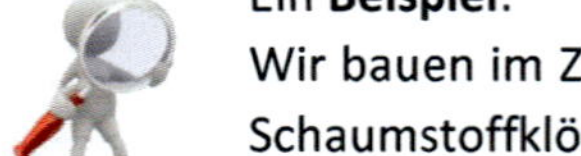

Ein **Beispiel**:

Wir bauen im Zuge einer kreativen Handlung aus Schaumstoffklötzen einen kleinen Berg. Jetzt können wir uns nicht mehr alle sehen. Das Kind findet heraus, dass es die Mutter plötzlich wiedertrifft, wenn es sich in Bewegung setzt und um den Berg herumkrabbelt. Das lachende Gesicht der Mutter und ein Liedchen bei dem Spiel wirken positiv auf das Kind.

Hier lässt sich ebenfalls die Verknüpfung zu den Basalganglien herstellen. „Die Basalganglien üben zwei unterschiedliche, wenngleich miteinander verflochtene Funktionen aus, nämlich zum einen die Vorbereitung und Steuerung von Willkürhaltungen (sensomotorische-exekutive Anteile) und zum andern die emotionale und motivationale Beeinflussung und Handlungsvorbereitung und -auswahl (limbische Anteile)[xxiv]. Die Verbindung von Anteilen der Amygdala zu somatosensorischen und prämotorisch-motorischen Cortexarealen weist darauf hin, dass die frühen Erfahrungen im Rhythmikunterricht äußerst ernst zu nehmenden Charakter haben.

In direkten aber auch späteren Lebenszusammenhängen ist es von Vorteil, über positiv bewertete Handlungsmöglichkeiten bezüglich Beweglichkeit des Körpers und dem kreativen Tun zu verfügen. Auf diese Werte bezieht sich die Fragestellung des Buches, und die Bedeutung für die Salutogenese wird später noch einmal aufgegriffen.

Die Wichtigkeit der Basalganglien als System zur Verhaltensvorbereitung und Verhaltenskontrolle nimmt eine große Stellung ein. Interessant für die Bewegungsarbeit in der Rhythmik ist der Tatbestand, dass sie neben unbewussten Prozessen ebenfalls für bewusste exekutive und bewertende Prozesse zuständig sind, die von der dorsalen und ventralen Schleife ausgeführt werden.

Es läuft ein differenzierter Handlungsstrang ab, der sich auf corticale Areale mit exekutiver und motorischer Funktion bezieht, sowie dem „Handlungsgedächtnis" in den Basalganglien, in dem alle bisher erfolgreichen Bewegungsarten gespeichert sind.

Erregungszustände in der Großhirnrinde bezüglich Handlungsplanung und -vorbereitung werden vor der Handlungsausführung mit dem Handlungsgedächtnis in den Basalganglien abgeglichen, an den Thalamus zur „Überprüfung" weitergesendet, bevor sie zurück an die Großhirnrinde gelangen. Ohne den subcorticalen Abgleich in den Basalganglien können keine Willkürbewegungen ausgeführt werden.[xxv]

Da die rhythmischen Bewegungsübungen mit vielen anderen sensorischen Reizen verbunden werden, sind die Chancen groß, dass Beweglichkeit und das damit verbundene Entwickeln von Körperbewusstsein als positiv bewertet wird. Ist es die Bewegung selbst, die gefällt, ist es die Musik, die positiv stimuliert, macht das kreative Spiel mit Formen Freude oder ist es die Gruppe inklusive der persönlichen Bezugsperson, die anregende, angenehme und Gewinn bringende Gefühle vermittelt. Ein Aspekt oder in der Regel mehrere gefallen, im besten Fall die ganze Kombination. Auch das ist nicht unmöglich, da das Kind (und später der Erwachsene) die Realisation der Übungsaufgaben mitbestimmt und individuelle Lösungen hervorbringen darf.

Endlich wird auch der Hippocampus der mittleren limbischen Ebene zugerechnet. Seiner ihn umgebenden Rinde ist eine Vermittlerrolle zwischen mittleren und oberen limbischen Ebene zugeordnet. Der Hippocampus steht in Verbindung mit dem Arbeits- und Kurzzeitgedächtnis, sendet Informationen von dort aus ins Langzeitgedächtnis.

Möglicherweise sind sogenannte Zugriffscodes für Inhalte des Langzeitgedächtnisses im Hippocampus verankert. „Eine besondere Rolle spielt hier das räumliche Gedächtnis mit der Codierung über die berühmt gewordenen „Ortszellen" und allgemein die Codierung des Kontextes von Geschehnissen. Geschehnisse werden über die Projektionen der Amygdala und des mesolimbischen Systems auf den Hippocampus emotional „eingefärbt".

Dies ist bedeutsam für die Verankerung von Inhalten im Langzeitgedächtnis, denn die emotionale Komponente verstärkt die Konsolidierung."[xxvi] Ohne Zweifel sind diese ersten Jahre des Kleinkinds sehr wichtig für seine Persönlichkeitsentwicklung und für sein ganzes Leben. Das trägt allen Erwachsenen, die mit der Betreuung von kleinen Kindern beauftragt sind, eine große Verantwortung zu.

Dies betrifft auch die Rhythmiklehrerin und den Rhythmiklehrer, wenn auch die wöchentliche Zeit der Beschäftigung mit dem Kleinen verhältnismäßig begrenzt ist. Denn in diesen Stunden wird das Kind emotional sehr gefordert durch die vielen Reize, denen es ausgesetzt wird. Allein schon die Musik wirkt für sich genommen schon stark emotional, und dazu kommen noch die vielen sozialen Erlebnisse sowie die kreativen Eindrücke. Drei Gesichtspunkte sind wichtig: Die Empathie der Rhythmiklehrkraft ist in dieser Phase von größter Bedeutung. Eine gut überlegte Musikauswahl gehört zu den wichtigsten Vorbereitungen. Beratenden Elterngesprächen ist genügend Zeit einzuräumen.

3.1.3 Die obere limbische Ebene: unser individuell-soziales Ich

Zur **oberen limbischen Ebene** gehören mehrheitlich Funktionen der limbischen Cortexareale:

- des orbitofrontalen,
- hat vornehmlich mit positiven und negativen Aspekten der Verhaltensplanung zu tun,
- des ventromedialen/anterioren cingulären Cortex,
- und des insulären Cortex.

Diese Zentren haben Bedeutung für:

- bewusste Gefühle,
- die Sozialisierung,
- die soziale Erziehung,
- die soziale Motivation,
- und den Einfluss von Personen des erweiterten Familienkreises, Freunden, Schulkameraden

Was bedeutet das in der rhythmischen Erziehung für Kinder?

Die soziale Umwelt, also auch der Rhythmikunterricht, kann die Entwicklung dieser Hirnregionen stärker beeinflussen. Allerdings sind die Impulse und Entscheidungen aus den unteren Ebenen die mächtigeren. D.h. hier kann Erziehung und Beeinflussung stattfinden, aber der Kern der Persönlichkeit setzt sich gegebenenfalls in verschiedenen Situationen wieder durch. Da Rhythmik in einer überschaubaren Gruppe stattfindet und keinem Leistungsdruck von externen kognitiven Zielen unterliegt, kann man sich auf die soziale Erziehung konzentrieren und sie falls nötig zum hauptsächlichen Inhalt machen. Augenscheinlich wird diese Notwendigkeit durch die Bewegungsarbeit, die viel Spontanität im Verhalten aufweist.

In der Praxis sieht es zum Beispiel oft so aus, dass in den Angeboten in Einrichtungen für sozial schwächer gestellte Kinder mehr Zeit dafür verwendet werden muss, Stille und die Möglichkeit zur Konzentration zu schaffen und diese zu erleben, sowie einzuüben, auf andere Rücksicht zu nehmen und sich in der Gruppe konstruktiv zu organisieren.

Sind Kinder mit einem ADS oder ADHS Syndrom dabei, verlangt die Zielsetzung ebenfalls Flexibilität. Vergleichend hierzu kann in Gruppen in sozial stärkerem Umfeld meistens direkt der Fokus auf die Ausbildung der künstlerischen Fähigkeiten gelegt werden. Ein sensibler Umgang mit den einzelnen Kindern und der Gruppensituation stellt sicher, dass individuelle Förderung in allen Gruppen, egal in welchem Umfeld, ermöglicht werden kann. Auch organisatorische Barrieren sollten ausgeräumt werden können.

Die besonderen Chancen im Rhythmikunterricht liegen wieder bei dem Medium Musik. Musik trägt und lenkt. Die Reaktionen der Kinder verändern sich entscheidend. Musik hilft bei der Orientierung und beim Lernen neuer sozialer Inhalte.

Übungsfelder für Erwachsene

Besonders in der Seminararbeit mit den persönlichkeitsbildenden Themen, in der die Autorin viele Rhythmische Elemente einfließen lässt, ergeben sich viele Situationen, soziales Verhalten aufzudecken und darüber zu reflektieren.

Abb. 5: Rhythmik in persönlichkeitsbildenden Seminaren (vergl. Seite 23)

Interessant erscheint es, einen weiteren Zusammenhang für die Seminararbeit und das private Leben zu beschreiben.

Viele Übungssequenzen der Rhythmik dienen der Steigerung des Vermögens, sich gut zu entspannen und den eigenen Körper sensibel wahrnehmen zu können, unter anderem auch ohne Musik.

Dass das nicht nur aus naheliegenden gesundheitlichen Gründen beherrscht werden sollte, sondern auch aus Gründen der Reflektion, der Entspannung und der Einrichtung von Rückzugsmöglichkeiten sowie der Resilienz nötig ist, zeigen uns folgende Forschungsergebnisse.

Der mPFC ist unter anderem ein Bestandteil des resting state network (ein im Ruhezustand aktiven Netzwerkes von Hirnregionen). Ist man nicht mit externen Reizen beschäftigt, wird diese Hirnregion aktiv und erlaubt die Beschäftigung mit internen Prozessen wie selbstreflexiblen Gedanken und autobiographischen Erinnerungen. Konzentriert man sich wieder auf kognitive Aufgaben, erfolgt eine Deaktivierung dieses Bereiches.[xxvii]

Des Weiteren wird das Entwickeln des bewussten Körpergefühls vom vorderen insulären Cortex beeinflusst. Mit Hilfe der rhythmischen Entspannungsübungen und der konzentrativen Bewegungsübungen zu sensibilisieren, stärkt das Körperbewusstsein. Es gibt Hinweise auf einen Zusammenhang zur primären Schmerzwahrnehmung in diesem Hirnbereich und der daraus vermittelten empathischen Fähigkeit.

3.1.4 Die kognitive Ebene: unser denkendes und sprechendes Ich

Die kognitiv-sprachliche Ebene unterscheidet sich von den drei limbischen deutlich, schon durch die überwiegend sechsschichtige Struktur des Isocortex, der einen größeren Teil dieser Ebene ausmacht, wobei die limbischen Anteile nur vier- bis fünfschichtig sind, und dadurch, dass hier bewusstes Denken stattfindet. Ihre Entstehung reicht von der vorgeburtlichen späteren Phase bis ins Erwachsenenalter hinein.

Zur **kognitiv-sprachlichen Ebene** gehören:

- der Isocortex, insbesondere seine assoziativen Anteile - Ort der Konstruktion der Welt unserer sinnlichen Erfahrungen, Gedanken, Erinnerungen und Ziele,
- der präfrontaler Cortex, der Ort des Arbeitsgedächtnisses, der Intelligenz und des Verstandes, des Aktualbewusstseins (Sinneswahrnehmungen bezüglich Umwelt und eigenem Körper, mentale Zustände und Tätigkeiten wie Denken, Vorstellen, Erinnern und Emotionen, Affekte und Bedürfniszustände (z.B. Hunger))[xxviii] der Handlungsplanung,
- die Sprachzentren Broca- und Wernicke-Areal,
- sowie der dorsolaterale Cortex, dem die Rolle des „vernünftigen Beraters“ ohne Entscheidungsbefugnisse zugeschrieben wird[xxix].

Was ist für die rhythmische Arbeit von Bedeutung?

Neben bewussten Begleiten und Reflektieren des Tuns in der Rhythmikstunde, unter anderem der damit verbundenen

Emotionen, und des Erstellens künstlerischer Ergebnisse, interessiert hier besonders die sprachliche Entwicklung.

Es beginnt schon bei den ganz Kleinen, die mit ihrem Singsang die einfachen Reime und Liedchen begleiten und schließlich die Silben, Worte und Sätze erfassen und mitsprechen oder mitsingen. Auch wenn die Kinder größer sind, haben sie eine Menge Spaß daran, die sich reimenden Worte der Endzeilen zu erraten, d.h. das bereits Gelernte in der neuen Kombination anwenden zu können.

Beim eigenen Reimen gibt es auch hier wieder eine Menge kreativen Tuns. Es ist erstaunlich, zu welchem amüsanten Ergebnis einige dabei kommen. Andere, denen das nicht so geläufig ist, können hier angeregt werden, eigene Verse zu erfinden und kreativ zu denken.

In Verbindung mit Klatschen, rhythmischer Bewegung (auch ganzkörperlich im Raum), Aufsagen und Singen des Textes werden mehrere Areale des Gehirns aktiviert, als wenn wir nur sprechen. Dies vermittelt mehr Sicherheit und Anregung bei der sprachlichen Entwicklung. Und geschieht dies immer in neuen Kombinationen, wird wieder das kreative Tun und Denken geschult.

Auch aus neurowissenschaftlicher Sicht haben zahlreiche immer genauere Untersuchungsergebnisse, bahnbrechend z.B. durch Angela D. Friederici, zur Feststellung geführt, dass die lautsprachliche Verarbeitung nicht auf zwei eng umschriebene Kortexareale eingegrenzt werden kann. Es gilt mittlerweile als unumstritten, dass der gesamte perisylvische Kortex der rechten und linken Hemisphäre zur lautsprachlichen Verarbeitung beiträgt. So gesehen ist die Verbindung mit Bewegung, Rhythmus und Melodie ein zusätzlicher „Verstärker". Die neurowissenschaftlichen Ergebnisse der Sprachentwicklung hier im Einzelnen darzustellen, sprengt den Rahmen.

Bezogen auf Musik sei abschließend folgendes aufschlussreiches **Beispiel** aus der noch relativ frühen neurowissenschaftlichen Forschung angeführt. Von Bogen und Gordon wurde 1971 von Ergebnissen des Wada-Tests berichtet, dass das Rhythmusempfinden von Musik nicht durch die einseitige Injektion von Intracarotid Barbituraten gestört wird, obwohl die Injektion der rechten Karotis (die eine reversible rechte Hemisphärektomie hervorruft) eine schwere melodische Verzerrung und die Injektion der linken Karotis Schwierigkeiten beim Singen von Worten hervorruft, die die Melodien begleiten könnten.

Als die zeitlichen Sequenzen komplexer wurden, war die Anzahl der korrekten Identifikationen, die durch das rechte Ohr (und damit die linke Hemisphäre) in einem dichotischen Hörversuch gemacht wurden, signifikant größer als die, die mit dem linken Ohr gemacht wurden.[xxx] Hier wird die Komplexität von Musik und Sprache deutlich, und es unterstreicht die positive Wirkung von rhythmisch-musikalischer Arbeit auf die sprachliche Entwicklung.

3.2 Psychoneuronale Grundsysteme

Bei den unten stehenden Ausführungen lehnt sich die Autorin bezüglich der neurowissenschaftlichen Forschungsergebnisse und deren Interpretationen in verstärktem Maße an die Ausführungen von Roth/Strüber an.[xxxi] Anschließend wird wiederum ein Bezug zu den Prozessen innerhalb der Rhythmik hergestellt.

Wie aber entsteht in unserem Gehirn, das so angelegt ist, wie oben beschrieben wurde, unser Denken und Handeln? Aus neurowissenschaftlicher Sicht formen erst Neuromodulatoren, Neuropeptide und Neurohormone unser individuelles Gehirn. Die Zusammenhänge sind sehr spannend, denn die verschiedenen Substanzen bedingen sich gegenseitig, und diese Verhältnisse zueinander hängen in ihrer Wirkung wiederum von den unterschiedlichen Situationen ab. Hier ist es auch wichtig, dass ein gesunder Wechsel von einer basalen (tonischen) Aktivität und einer schubartigen erhöhten Freisetzung erfolgen kann. Ist die basale Aktivität gestört, kann der Wechsel nicht wie gewünscht erfolgen, und es ist ein an die Situation optimales Verändern nicht mehr möglich. Die Menschen, die davon betroffen sind, sind psychisch krank oder in ihren Reaktionen kompliziert.

In Millisekunden übertragen Neurotransmitter Signale an den Synapsen.
Dazu gehören:

- Glutamat
- GABA
- Glycin

Folgende Neuromudulatoren verändern die Wirkung der anderen Transmitter, modulieren sie quasi, benötigen dazu allerdings entsprechende Rezeptoren zum Andocken:

- Dopamin
- Noradrenalin
- Serotonin
- Acetylcholin

Einen weiteren Einfluss geht von den Neuropeptiden und Neurohormonen aus, die noch weniger lokal wirken als die Neuromodulatoren, und ihre Wirkung dauert bedeutend länger, sie kann Sekunden bis Stunden betragen.

Hierzu gehören z.B.

- Oxitocin
- Vasopressin
- endogene Opioide
- Substanz P.
- Cholecystokokin
- das vasoaktive instetinale Peptid
- das Hormon Cortisol und seine Vorstufen.

Das Stressverarbeitungssystem

Die Aufgabe des Stressverarbeitungssystems ist es, den Menschen in die Lage zu versetzen, bedrohliche und negative Situation zu erkennen, und um sie zu meistern, das Stresssystem im Körper zu aktivieren bzw. es wieder zu dämpfen. Wann dies anzuwenden ist, lernt der Mensch in den verschiedenen Situationen speziell im Laufe seines frühen Lebens. Zunächst erfolgt das Wahrnehmen von Merkmalen stressreicher Ereignisse, sogleich anschließend die Weiterleitung an Hypothalamus, Amygdala und Hippocampus. Als für die schnelle Stressantwort entscheidender Bestandteil entsteht in Hypothalamos und Amygdala CRF (Corticotropin-freisetzender Faktor).

Je nach Höhe der Dosierung sorgt er für mehr Wachsamkeit oder Furcht, die Zurückhaltung oder Rückzug veranlasst. Der emotionale Lerneffekt und die Erhöhung der Alarmbereitschaft entstehen dadurch, dass CRF auf den Locus coeruleus einwirkt, der Noradrenalin in vielen Hirnbereichen freisetzt.

In Situationen von starkem Stress wird anschließend die HPA-Achse durch CRF und die Ausschüttung des adrenocorticotropen Hormons (ACTH) in der Hypophyse aktiviert. ACTH erreicht über die Blutbahn die Rinde der Nebennieren und setzt dort die Synthese und Freisetzung von Glucocorticoidhormone in Gang. Glucocorticoidhormone verhelfen uns zu mehr Energie und dämpfen die Stressreaktionen über ein negatives Feedback.
Interessant für unseren Zusammenhang ist der neurowissenschaftlich erwiesene Umstand, dass genetisch und epigenetisch weitervererbte Mechanismen und Bindungserfahrungen im frühen Alter gemeinsam unser Stressverarbeitungssystem ausformen. Gute Bindungserfahrungen können negativen Auswirkungen negativer Vorbelastungen im Wesentlichen entgegenwirken, während negative zu negativer Stressverarbeitung oder zu Traumata führen können.

Bezug zur Rhythmik

Kinder: Schon früh können stressfreie Situationen in den Eltern-Kind-Rhythmikstunden geschaffen werden. Sowohl Musik kann nach diesen Gesichtspunkten ausgesucht werden als auch entsprechende Bewegungen z.B. in engem Kontakt zur Mutter. Außerdem bieten sie die Möglichkeit, die Eltern in verschiedenen Situationen zu beraten.

Kinder, die wenig Vertrauen aufbauen konnten, reagieren oft mit Rückzug auch bei einer positiven Zuwendung. In den Rhythmikstunden kann die Lehrkraft viele Situationen schaffen, in denen das Kind erfährt, dass Annäherung durchaus auch (oder in der Regel) aus positiver Absicht geschieht. Natürlich stellt das hohe Anforderungen an die Empathiefähigkeit der Lehrerin und des Lehrers.

Abb. 6: Eltern-Kind-Rhythmik, behüteter Beginn

Die Möglichkeiten innerhalb der Rhythmikstunden eignen sich in diesem Fall besonders deshalb dafür, weil in kleinen Gruppen gearbeitet wird, und weil sich alle am Boden befinden ohne Distanz durch Mobiliar. Die günstige Wirkung von Musik kann eingesetzt werden, sowie Übungen und Material für die Situation des Kindes passend flexibel ausgewählt werden.
Zunächst erscheint es, dass die rhythmische Arbeit in Fällen von negativen Stressverarbeitungen auf Grund des geringen Zeitvolumens und der ungünstigen frühen Vorerfahrungen kaum etwas ausrichten kann, und es gibt soweit bekannt keine wissenschaftlichen Studien dazu. Die Autorin möchte an dieser Stelle allerdings ein Fallbeispiel aufführen, an dem sichtbar wird, dass man hier doch auf größere Wirkung hoffen darf.

Eine Teilnehmerin hatte als Kind bei ihr Rhythmikstunden besucht und gab nach zwanzig Jahren ein freiwilliges und spontanes Feedback. Sie hatte unglückliche Kindheitserlebnisse, zum Teil mit Gewalterfahrungen und dem Verlust des Vaters zu verkraften. Liebevolle Zuwendung erhielt sie von einer älteren Schwester. Der Rhythmikunterricht, den sie besucht hatte, enthielt einen großen Anteil von Entspannungselementen, ergänzend zu Musik und Bewegung auch Autogenes Kindertraining.

Als erwachsene Frau berichtet sie, dass sie die Erfahrungen in diesen Stunden sehr aufgebaut hatten und sie sich sehr wohl, zufrieden und glücklich gefühlt hatte. Sie seien ein Schatz für sie gewesen, den sie ganz allein für sich mitnehmen konnte und der sie immer wieder aufgebaut hätte. Angemerkt sei, dass hier ein wesentlicher Zusammenhang zwischen Methode und Empathiefähigkeit der Rhythmiklehrkraft nicht außer Acht gelassen werden darf.

Darauf wird im Folgenden unter Kapitel 3.4 unter Bindungsverhalten und Persönlichkeit noch einmal eingegangen. Eine glückliche Gruppenkonstellation, in der sich die Teilnehmerin akzeptiert und geliebt fühlte, trug zusätzlich zu dem positiven Ergebnis bei.

Erwachsene: Die Verwendung von Musik ist ein großer Vorteil. Sowohl Musikbeispiele aus der Klassik als auch spezielle Entspannungsmusik hat beruhigende, Stress abbauende Wirkung. Damit verbundene Entspannungs- und Atemübungen aus dem Bewegungsrepertoire üben einen natürlichen Stressabbau ein.

An dieser Stelle soll der Zusammenhang zur Fragestellung des Buches besondere Erwähnung finden. Bei den Bewegungsübungen handelt es sich um eine auf den eigenen Körper konzentrative Methode, d.h. nicht eine körperliche Aktivität, die auf eine Erfüllung eines von außen gegebenen Ziels mit festgelegten Bewegungsabläufen ausgerichtet ist, steht im Focus, sondern der Übende richtet seine Aufmerksamkeit ganz nach innen auf die Bedürfnisse und Möglichkeiten seines eigenen Körpers und Verlangens. Das führt zur Steigerung des Körperbewusstseins, was als eine Voraussetzung für eine gesunde Lebensgestaltung angesehen werden muss.

Das interne Beruhigungssystem

Serotonin ist der hauptsächliche Neuromodulator für das interne Beruhigungssystem. Einmal ist Serotonin wichtig für die normale Gehirnentwicklung, und dann wirkt es beruhigend und dämpfend bezüglich Handlungsimpulsen und Aufregung. Dies geschieht über bestimmte Rezeptortypen, besonders über den 5-HT1A -Rezeptor. Das Beruhigungssystem steht in engen Zusammenhang mit dem Stressverarbeitungssystem. Je besser dieses entwickelt ist, desto funktionstüchtiger ist auch das Beruhigungssystem.

Ist das nicht der Fall, führt dies möglicherweise zu schwerwiegenden Problemen für den jeweiligen Menschen. Denn eine zu hohe Cortisolausschüttung kann die Ausbildung von 5-HT1A -Rezeptoren verhindern. Die Betroffenen haben in diesen Fällen massiven körperlichen und seelischen Stress erlebt und sind zudem noch oft genetisch negativ vorbelastet.

Die Folge von einem generellen Mangel an Serotonin sind oft Ängstlichkeit, Scheu vor Risiko, was bei Männern eher reaktive Aggression und bei Frauen Schuldgefühle und Selbstmordtendenzen auslösen kann.

Bezug zur Rhythmik

In diesem Zusammenhang kann Rhythmik nur einen kleinen Beitrag leisten, vor allem in schwerwiegenden Fällen sind hierfür definierte Therapieformen angebracht, was sich selbstverständlich auch auf andere psychische Erkrankungen bezieht. Werfen wir allerdings einen Blick auf die oben ausgeführten Möglichkeiten zur Unterstützung des Stressverarbeitungssystems, gelten auch bezüglich des internen Beruhigungssystems dieselben Übungsangebote, weil die beiden Systeme in engem Zusammenhang zueinander stehen.

Das interne Bewertungs- und Belohnungssystem

Das Bewusste, das Vorbewusst-Intuitive und das Unbewusste regen den Menschen an und motivieren ihn zu Handlungen. Grundsätzlich strebt er an, das zu tun, was ihm angenehm oder vorteilhaft erscheint und zu vermeiden bzw. zu beenden, was schmerzhaft oder nachteilig ist. Neben einigen Vorgaben durch die Gene wird dieses System durch Erfahrungen des eigenen Handelns und des Handelns in der umgebenden Welt geprägt. Diese werden dann vom Belohnungs- und Bestrafungsgedächtnis bewertet. Hieraus wiederum werden die Belohnungs- und Bestrafungserwartungen entwickelt. Nach neueren Forschungsergebnissen unterscheiden wir mittlerweile zwischen eigentlichem **Belohnungssystem** und dem **Belohnungserwartungssystem**.

Zum **Belohnungssystem**:
Erfahrungen von Befriedigung und Lust erzeugen die Ausschüttung endogener Opioide, die auf Rezeptoren in der Schalenregion des Nucleus accumbens und im ventralen Pallidum einwirken. Dieser Ablauf erzeugt unbewusste Belohnungserfahrungen. Bewusste Lust- und Befriedigungsgefühle werden dann im OFC, ventromedialen und insulärem Cortex abgebildet. Tobias Esch[xxxii] spricht an dieser Stelle zusätzlich von endogenem Morphium. Bekannt ist es als

Schmerzdämpfung, aber im Belohnungssystem wird es aus Dopamin entwickelt und vermittelt ein Glücksgefühl und Euphorie.

Zum **Belohnungserwartungssystem**:

Dieses wird über Dopamin vermittelt. Es baut auf dem System der Belohnungserfahrung auf. Hier wird unterschieden in Art, Größe und Auftrittswahrscheinlichkeit einer erwarteten Belohnung sowie dem damit verbundenen Risiko. Dopaminerge Neurone codieren mit unterschiedlichen Aktivitätsmustern diese Parameter.

Beide Systeme hängen folglich neben genetischen Vorgaben stark von Erfahrungen der frühen Kindheit ab, insbesondere auch der Bindungserfahrungen. Je früher sich Vorlieben entwickeln, desto größer ist ihr Einfluss auf das Opioid- und Dopaminsystem und desto stärker formen sie die Persönlichkeit. Hier zeigt sich, dass alle frühen und späteren Handlungen nur Sinn ergeben und zu einem guten Ergebnis führen, wenn sie unter Berücksichtigung dieser Erfahrungen geplant und durchgeführt werden.
Jeder Mensch entwickelt verständlicherweise eigene Vorlieben und hierin unterscheidet sich jeder Mensch. Wollen wir im Umgang mit unseren Seminar-, und Kursteilnehmern erfolgreich arbeiten, sie motivieren und Ziele mit ihnen formulieren, ist der erste Schritt, diese Vorlieben mit jedem einzelnen herauszuarbeiten.

Negative Erfahrungen in der Kindheit führen zu Problemen beider Systeme: Ist das Opioid- und Dopaminsystem beeinträchtigt, kann es zu Defiziten im Belohnungs- und Belohnungserwartungssystem kommen. Es wird kein hinreichendes Gefühl der Befriedigung erreicht, und es kann eine regelrechte Gier nach intensiver Belohnung entwickelt werden. Ist das Belohnungserwartungssystem defizitär betroffen, entwickeln sich oft Motivationsprobleme. Die Folge können Apathie und Hoffnungslosigkeit sein.

Bezug zur Rhythmik

Hier ist ein starker Bezug zum Tun in den Rhythmikstunden herzustellen. Durch die oben beschriebene Freiheit von Leistungserwartungen in den Unterrichtsstunden kann der Kreativitätsentwicklung ein großer Raum verschafft werden. Es ist ja mit eins der hauptsächlichen Ziele rhythmischer Erziehung. In Fachkreisen wird zwar immer wieder darum gestritten, aber die Autorin gehört den Vertretern an, die für die Eigenständigkeit der Rhythmik eintreten und liefert hiermit ein hauptsächliches Argument dafür.

Das Kind und auch der Erwachsene hat mehr davon, lustvoll zu Trommeln, zu Geigen oder auf dem Klavier zu improvisieren oder ein neues Stück auszuprobieren, als schon mit dreieinhalb Jahren die Notennamen aufsagen zu können. Das können die Kinder übrigens zusätzlich, wenn sie es selbst interessant finden und dafür entsprechendes Lob erfahren. Es hat mehr davon, sich zu verkleiden und nach eigenen Ideen eine Bewegungsgestaltung zur Musik zu entwickeln, als Fernzusehen und nur nach vorgegebenen Schritten zu tanzen.

Schauen wir uns außerdem den Prozess einer Rhythmikstunde an. Zunächst gilt es warm zu werden mit den Geräten und dem Unterrichtsmaterial und der Aufgabenstellung. Man lernt die verwendete Musik kennen oder verändert sie.

Abb. 7: Form – eine von vielen Möglichkeiten

Schließlich soll eine Form der Darstellung entwickelt werden, z.B. im Raum, mit dem Körper, dem Material, in der Musik oder als Tanz.

Das Ziel ist, dass diese Form stimmig für alle Beteiligten ist. Das Vorteilhafte der rhythmischen Methode liegt gerade hierin. Jede Stunde schließt mit einem künstlerischen Ergebnis ab. Es gibt kein Stückwerk.

Neurowissenschaftlich gesehen haben wir zuerst die Dopaminausschüttung und anschließend besonders bei einem schönen Ergebnis die Ausschüttung der endogenen Opioide. Beide Systeme, das Belohnungserwartungssystem sowie das Belohnungssystem schlechthin sind im Prozess vorhanden.

Ein **Beispiel** aus der Arbeit mit Kindern ist das Musiktheaterstück, das jährlich als Aufbauprojekt nach vielen Rhythmikstunden anzusehen ist. Das eigene Entwickeln der Stücke, das Einstudieren und die Proben machen viel Spaß, und die Kinder lassen sich gern herausfordern. Schließlich findet die Aufführung statt, das Erreichen, der Erfolg der Beifall, das eigene Glücksgefühl und die eigene Zufriedenheit.

Einen interessanten Aspekt möchte die Autorin bezüglich der Wirkung von Musik in diesem Zusammenhang anführen.
Esch weist nach:
„Taken together, prefrontal cortex activation in placebo as well as CAM treatments may reflect a form of –mainly– externally elicited top-down CNS control, possibly involving morphinergic autoregulatory pathways.“[xxxiii] (Zusammengenommen kann die präfrontale Cortex-Aktivierung sowohl Placebo- wie CAM-Behandlungen eine Form von – vor allem – äußerlich ausgelöster oben-unten ZNS-Kontrolle widerspiegeln, möglicherweise morphinergischen autoregulatorischen Pfade beinhaltend.)

Zu den vier untersuchten Richtungen (Four CAM approaches (acupuncture, meditation, music therapy, and massage therapy) were examined...) gehörte auch Musiktherapie. Rhythmik ist keine Therapie sondern ein musikpädagogisches

Verfahren. Aber die Ergebnisse aus der Musiktherapie lassen die Annahme zu, dass die intensive individuelle Beschäftigung mit Musik in der Rhythmik ähnliche neurobiologischen Ergebnisse aufzeigen könnten.

Auf jeden Fall wird ein Mensch mit diesen Erfahrungen als Erwachsener einen Zugang zu vielen Möglichkeiten der entspannenden, lustvollen, ausgleichenden und zufrieden stellenden Freizeitbeschäftigungen (und Berufen) finden und zwischen ihnen wählen können, weil die frühen Erfahrungen und die damit verbundene Offenheit vom Bewertungssystem unbewusst als positiv eingestuft wurden und weil eine reichhaltige Dopaminausschüttung im OFC, ventromedialen und insulären Cortex zu bewussten kreativen Entscheidungen und Handlungen führen kann.

Dies gelingt besonders gut in Verbindung mit angenehmen, erfreulichen Bindungserfahrungen. Denn das Oxitocin-Bindungssystem hängt eng zusammen mit dem Belohnungserwartungssystem. Um hier zusätzliche positive Erfahrungen zu vermitteln erfordert der Umgang der Rhythmiklehrerin und des Rhythmiklehrers besonders mit den Kindern, aber auch mit den Erwachsenen, ebenfalls in diesem Zusammenhang ein hohes Maß an Empathie.

So sei auch an dieser Stelle unter Berücksichtigung der Fragestellung des Buches angeführt, dass neurowissenschaftliche Forschungsergebnisse die rhythmische Methode darin stärken, kreative Handlungsweisen zu entwickeln, die folglich als positive Erfahrungen bewertet und abgespeichert werden.

Das Impulshemmungssystem

Um ein soziales Leben zu ermöglichen, müssen Impulshemmung und Toleranz gegenüber Belohnungsaufschub oder nicht gleich abzustellenden Widrigkeiten ab dem ersten Lebensjahr bis ins Erwachsenenalter gelernt werden. Eltern wissen es aus der Kindererziehung, dass das nicht leicht ist, und man selber weiß es von sich auch. Hirnorganisch beruht die sich ausbildende Impulshemmung auf dem Ausreifen der überwiegend hemmenden Interaktion zwischen limbischen Stirnhirn und Amygdala.

Betrachten wir vergleichend das schnelle, impulsive Stresssystem und das langsamere, hemmende Cortisolsystem sowie ihre jeweilige Wirkung auf die beiden Hirnzentren, können wir festhalten, dass die Dopaminfreisetzung in Stresssituationen, z.B. Kampf oder Flucht, die ein schnelles Handeln erfordern, im Nucleus accumbens und orbitofrontalen und ventromedialen präfrontalen Cortex erhöht wird, in Situationen, die Zurückhaltung erfordern, die Dopaminfreisetzung verringert und die Ausschüttung von Serotonin in vielen Bereichen des Endhirns, besonders im orbitofrontalen und ventromedialen Cortex erhöht wird.
Für die Impulshemmung ist bei Männern zusätzlich die Höhe des Testosteronspiegels wichtig.

Bezug zur Rhythmik

In Rhythmikstunden gibt es viele Situationen, in denen „nicht zuerst nehmen“, abgeben, „warten, bis ich an der Reihe bin“ und sich anpassen an ein anderes Kind oder die Gruppe geübt wird. Nicht nur für Kinder, sondern auch in den Teamtrainings, Seminaren zum Zeitmanagement und anderen Übungsstunden mit Erwachsenen spielt das Rücksichtnehmen, das Zurückhalten eigener Vorstellungen und Ideen sowie das Anpassen eine immer wiederkehrende Rolle, vor allem, wenn die Aufgaben viel spontanes Handeln verlangen, kommunikationsintensiv sind oder wenn es Konflikte zu lösen gibt.

Das Bindungssystem

Das Bindungssystem entwickelt sich in den ersten Wochen nach der Geburt im Bezug zur Mutter. In diesem engen Kontakt, wenn der Säugling seine Mutter gezielt anlächelt und mit ihr interagiert, spielt das Neuropeptid Oxytocin eine große Rolle, wie auch anschließend in allen engeren familiären und sozialen Beziehungen, sowie in der Paarbeziehung und des Sexualverhaltens.

- Oxytocin erhöht die Fähigkeit, emotionale und soziale Kontakte zu erkennen und fördert die soziale Motivation.
- Oft geschieht gleichzeitige Ausschüttung endogener Opioide, die das Wohlgefühl bei sozialen Kontakten vermitteln
- und Serotonin, das für den Beruhigungseffekt von Bindung sorgt.
- Für das Bindungsverhalten ist zusätzlich das Neuropeptin Vasopressin wichtig. Es stärkt das Fürsorgeverhalten der Eltern gegenüber ihrem Kind.

Das Oxytocinbindungssystem steht im Zusammenhang zum Belohnungs- und Belohnungserwartungssystem, denn diese Regionen werden beim Anschauen einer vertrauenswürdigen Bindungsperson stark aktiviert. Der Belohnungswert dieses sozialen Kontaktes könnte verstärkt werden. Die Entwicklung des Bindungssystems hängt von der Wechselwirkung der genetischen Voraussetzung und der Umwelterfahrungen ab.

Bezug zur Rhythmik

An dieser Stelle betrachtet die Autorin die besondere Nähe der Rhythmiklehrkraft zum Kind. Die Beschäftigung in der kleinen Gruppe von sechs bis acht Kindern ermöglicht es, zu jedem Kind eine enge Beziehung aufzubauen. Hier liegt eine große Chance darin, dem Bindungssystem der Kinder positive Erfahrungen zu vermitteln. Zunächst ist das im Allgemeinen gut. Bedenkt man dann den engen Zusammenhang zum Belohnungs- und Belohnungserwartungssystem, werden durch diese guten Bindungserfahrungen ebenfalls die Inhalte rhythmischer Erziehung positiv bewertet und gespeichert. Dazu gehören sowohl die künstlerischen Aspekte bezogen auf Musik und Tanz, als auch die Beschäftigung mit dem eigenen Körper, was für die Sensibilität der eigenen körperlichen Befindlichkeit im Erwachsenenalter wichtig ist und schließlich für das kreative Denken und Tun.

Das System des Realitätssinns und der Risikobewertung

Nach dem dritten Lebensjahr entwickelt sich verstärkt das System des Realitätssinns und der Risikobewertung, dann nämlich, wenn sich die kognitiven Fähigkeiten langsam ausbilden, besonders bezüglich der Aufmerksamkeits- und Gedächtnisleistungen.

Zum **Realitätssinn**:

- Fähigkeit, Situationen möglichst realistisch wahrzunehmen,
- ist neben sensorischen und kognitiven Funktionen des Gehirns in erster Linie an Noradrenalin und Acetylcholin gebunden,
- Noradrenalin erhöht die generelle Aufmerksamkeit und Zuwendung,
- Acetylcholin verstärkt die Konzentration im Arbeitsgedächtnis,
- das Arbeitsgedächtnis befindet sich im dorsolateralen präfrontalen Cortex - hier wird relativ neutral die Sachlage der Situation geprüft.

Zur **Risikobewertung**:

- Ventrale und mediale präfrontale Hirnareale prüfen die mit der Sachlage verbundenen Risiken und deren möglichen negativen Folgen bezüglich des eigenen Handelns,
- Ziel: adäquates, überlegtes Handeln,
- das adäquate, überlegte Handeln steht deutlich unter der Kontrolle des Motivations-, Impulshemmungs- und Selbstberuhigungssystems,
- diese Systeme raten von übereilten und riskanten Aktionen ab.

Das System des Realitätssinn und der Risikobewertung entwickelt sich sehr langsam und ist erst zum Eintritt ins Erwachsenenalter ausgereift.

Bezug zur Rhythmik

Kinder:
Rhythmik bietet wie alle anderen Angebote, bei denen Schulung und Verbesserung der Kommunikation zur Zielsetzung gehört, reichhaltige Möglichkeiten zu üben, die Realität in der Situation zu erfassen und das Risiko des eigenen Handelns abzuschätzen. Für die Kinder geschieht dieses Lernen nicht nur in der Familie, sondern verstärkt auch in Kita und Schule. Der Vorteil in den Rhythmikstunden ist, dass man durch die spontane Bewegungsantwort bei den Aufgaben mit Musik eine sehr direkte unverdeckte Situation in der Kommunikation und der Gruppendynamik vorfindet. Deshalb wäre es förderlich, wenn es mehrere Rhythmikstunden pro Woche gäbe.

Erwachsene:
Die Situation in den Rhythmikstunden, beispielsweise in Teambildungsseminaren oder in der Entwicklung von musikalischen Bewegungsgestaltungen mit der Gruppe, ist der in den Kinderstunden entsprechend. Das System des Realitätssinn und der Risikobewertung ist zwar ausgereift, aber hier kann man seine Wahrnehmung verfeinern und „risikolos“ seine Sichtweise von Risiken erweitern.

3.3 Die Entwicklung des Gehirns und der kindlichen Psyche

Die Entwicklung des Gehirns und der kindlichen Psyche stehen in enger Beziehung zueinander und sind stark abhängig von der Beziehung zur Mutter, den Eltern oder einer anderen primären Bezugsperson, sowie dem sozialen Umfeld. Unser Gehirn entwickelt sich lebenslang weiter, allerdings in den ersten und frühen Lebensphasen deutlich schneller und nachhaltiger. Mehrere psychologische Langzeitstudien und neurowissenschaftliche Forschungsergebnisse belegen und erklären dies.

Im Zusammenhang dieses Buches sollen die Studien nicht im Einzelnen aufgeführt werden zugunsten des Bezuges zu den Möglichkeiten Rhythmischer Erziehung, in diesen Lebensphasen positiv einzuwirken, und um Raum zu lassen, im 4. Kapitel auf die Salutogenese und der Psychologie des Glücks eingehen zu können.

In Tabellenform erscheinen im Stichwortschema einerseits Aussagen zum Thema Entwicklung des Gehirns und der kindlichen Psyche, die Erkenntnisse aus neurowissenschaftlicher Sicht und andererseits die Möglichkeiten, auf das Kind in der jeweiligen Entwicklungsphase mit rhythmischen Übungen einzugehen. Dass die Angebote der Rhythmik nur als kleine Impulse für die Persönlichkeitsentwicklung angesehen werden können, versteht sich von selbst. Doch erwiesenermaßen können mitunter diese Anregungen und Erfahrungen eine Weiche für die spätere Entwicklung eines Menschen sein.

Abb. 8: Aus der Rhythmik mit Kindern. Ein Kind malt sich selbst: „Ich mache Musik und tanze dazu."

Die Verfasserin bezieht sich bei den neurowissenschaftlichen und gegebenenfalls psychologischen Aussagen in der zweiten Spalte auf die Forschungen und Veröffentlichungen von Roth und Strüber[xxxiv].

1.1 Lebensalter	1.2 Neurowissenschaftliche (respektive psychologische) Erkenntnisse nach Roth/Strüber	1.3 Möglichkeiten positiven Einwirkens rhythmischer Erziehung	1.4 Rhythmische Übungsbeispiele
Embryonale und fötale Periode	Entstehung neuer Gewebe und Organe einschließlich des Gehirns, Überproduktion und anschließende Reduktion („intrazelluläres Selbstmordprogramm“) von Nervenzellen: offenbar der einzig mögliche Weg für das Entstehen eines hyperkomplexen funktionierenden Systems (vergl.ROTH,G./STRÜBER, N. (2014) S.153-154)	beruhigende und phantasievolle Rhythmikstunden für die Mutter	vgl. Kapitel 3.1.1 Seite 23

Abb. 9a: Embryonale und fötale Phase

2.1 Lebensalter	2.2 Neurowissenschaftliche (respektive psychologische) Erkenntnisse nach Roth/Strüber
Während des zweiten Drittels der Schwangerschaft und der ersten Jahre nach der Geburt	Beginn einer intensiven Synaptogenese und seine Fortsetzung über die ersten Jahre nach der Geburt (vergl. ROTH,G/STRÜBER,N, (2014) S.154)

Abb. 9b-1: Während des zweiten Drittels der Schwangerschaft und der ersten Jahre nach der Geburt

2.3 **Möglichkeiten positiven Einwirkens rhythmischer Erziehung**	2.4 **Rhythmische Übungsbeispiele**
Genetische Informationen legen fest, welche Klassen von Zellen miteinander verbunden werden. Um genetisch vermittelte Anlagen zu unterstützen, können in der Rhythmikstunde viele motorische und künstlerische Anreize gegeben werden, damit das Pruning nicht Gewinn bringende synaptische Verbindungen betrifft, sondern diese etabliert werden. • beruhigende und phantasievolle Rhythmikstunden für die Mutter • Rhythmikübungen mit vielen Anreizen für die Entwicklung der Kreativität, der Motorik und des sozialen Lernens	• Die Babies sitzen auf dem Schoß der Bezugsperson, beide schauen sich an. Beim Singen des Liedes „Hopp, hopp, hopp" mit Begleitung der Rhythmikerin oder des Rhythmikers auf einem Melodieinstrument wird das Kind geschaukelt und die Inhalte der Strophen werden mitgespielt. • Die Kinder können die ersten Schritte tun oder schon gut hüpfen. Sie stehen in Gymnastikreifen, halten ihn fest und springen zu dem Lied, das am Klavier von der Lehrkraft begleitet wird. Dabei führt die erwachsene Bezugsperson den Reifen und das Kind. Hierbei ist darauf zu achten, dass das Kind abwechselnd führt und folgt. • Dieselbe Aufgabe, aber in einer Hand hält das Kind und/oder der Erwachsene eine Rassel zum musikalischen Begleiten. • Dieses Spiel z.B. wiederholen die Kinder oft sehr gern monate- bis jahrelang.

Abb. 9b-2: Während des zweiten Drittels der Schwangerschaft und der ersten Jahre nach der Geburt - Übungsbeispiele für Kleinkinder

3.1 **Lebensalter**	3.2 **Neurowissenschaftliche (respektive psychologische) Erkenntnisse nach Roth/Strüber**
Frühe nachgeburtliche Entwicklungsphasen	In diesen für die Hirnentwicklung kritischen Perioden ist für eine positive emotionale Entwicklung ein intaktes Verhältnis zu den Eltern und/oder anderen (primären) Bezugspersonen notwendig, weil diese frühen Erfahrungen sehr prägend sind. Bei sehr negativen Erfahrungen können im späteren Kindes- und Jugendalter massive Verhaltensprobleme auftreten. Sie erklären sich neurowissenschaftlich durch eine eintretende Verstärkung bereits vorhandener konkurrierender Netzwerke. Nach dem zweiten Lebensjahr werden strukturelle Veränderungen im Gehirn immer schwieriger bis unmöglich. Den erfahrungsabhängigen Lernprozessen gegenüber haben Prozesse (z.b. in der Therapie) schlechte (bis keine) Chancen, verinnerlicht zu werden. (vergl.ROTH,G./STRÜBER, N. (2014) S.155-157)

Abb. 9c-1: Frühe nachgeburtliche Entwicklungsphasen

3.3 Möglichkeiten positiven Einwirkens rhythmischer Erziehung	3.4 Rhythmische Übungsbeispiele
• Beratung der Eltern • Rhythmikangebote in Kitas, in denen Kinder aus sozial benachteiligtem Umfeld betreut werden, wie z.B. in den Angeboten des Deutschen Kinderschutzbundes • Rhythmisch-musikalische Erziehung in der Therapie	Zum Singen des Liedes „Setz den Teig mit Honig an" stellen die Kinder den Inhalt des Liedes mit einem Schlegel in der Hand dar. Sie klopfen, reiben und schlagen ihn dabei auf den Boden. Anschließend spielt die Lehrkraft, die Kinder seien Zucker, Mehl, Eier etc., und legt sie durch sanftes Tragen, Ablegen und Schieben aneinander und ein bisschen Aufeinander. Dann „rührt sie den Teig, klopft und rollt ihn vorsichtig aus" durch sanfte Berührungen und ein bisschen Kitzeln. Schließlich werden „Weckmännchen geformt". Besonders emotional benachteiligte Kinder wünschen sich wieder und wieder dieses rhythmische Spiel und ähnliche Sing-und Bewegungsspiele mit Berührungselementen.

Abb. 9c-2: Frühe nachgeburtliche Entwicklungsphasen Übungsbeispiel für Babies und Kinder bis zu vier Jahren

4.1 **Lebensalter**	4.2 **Neurowissenschaftliche (respektive psychologische) Erkenntnisse nach Roth/Strüber**
Ab zwei bis drei Monate	In den verschiedenen sensorischen und motorischen Bereichen der Hirnrinde erhöht sich die Aktivität. Ab dem ersten halben Jahr erhöht sich die funktionale Aktivität im Frontalhirn zu derselben Zeit, in der wichtige kognitiv-emotionale Verhaltensweisen entstehen. (z.B. die sogenannte Objektpermanenz) (vergl. ROTH,G./STRÜBER, N. (2014) S.159)

Abb. 9d-1: Ab zwei bis drei Monate

4.3 **Möglichkeiten positiven Einwirkens rhythmischer Erziehung**	4.4 **Rhythmische Übungsbeispiele**
• Liedspiel im ersten Jahr mit den Eltern oder einer primären Bezugsperson Ab dem zweiten Jahr bis zum Schulalter bieten sich Rhythmikangebote aus dem gesamten Repertoire an. Hierzu gehören: • Raumübungen • Grobmotorische Übungen • Feinmotorische Übungen • Sensomotorische Übungen • Geschicklichkeitsübungen • Koordinationsübungen • Rhythmen • Taktarten • Melodieführung • Spiel auf Instrumenten • Musikalische Parameter • Bewegungsgestaltung mit Gerät • Bewegungsgestaltung mit Musik • Gestaltungsübungen • Erfindungsübungen • Kreativitätsübungen • Kommunikatonsübungen • Kooperationsübungen • bei Bedarf Erlernen der Noten Ab fünf Jahre und dem Grundschulalter: • Theater- und Musiktheaterspiel • Tänzerische Gestaltung	• Am Klavier werden unterschiedliche Taktarten gespielt. Jeder hat einen Ball. Die Kinder erkennen den Takt und prellen ihn immer auf der 1. Taktzahl auf den Boden. • Dasselbe geschieht mit weniger Bällen im Kreis von einem Kind zum andern. • Die Kinder haben jeder ein buntes Seil. Sie legen Schnecken daraus auf dem Boden. Danach laufen die Kinder im Tempo des Metrums, das die Lehrkraft auf der Trommel angibt herum. Bei Unterbrechung der Musik, stellt sich jedes Kind auf seine Schnecke. Bei späteren Durchläufen sollen die Kinder auf einer fremden Schnecke stehen. • Alle Kinder haben kleine Musikinstrumente in der Hand und probieren unterschiedliche Klänge aus. Nacheinander dürfen die Kinder ihre Klänge einzeln vorspielen. Ein Kind ist der Dirigent und zeigt an, wann die Kinder spielen dürfen.

Abb. 9d-2: Ab zwei bis drei Monate Übungsbeispiele für Kinder bis ins Grundschulalter

5.1 Lebensalter	5.2 Neurowissenschaftliche (respektive psychologische) Erkenntnisse nach Roth/Strüber
Vor-/und Grundschulalter	„Corticale Regionen, die mit sensorischen Funktionen wie dem Sehen befasst sind, reifen früher aus als Areale, die für komplexere Funktionen zuständig sind.“ (ROTH,G./STRÜBER, N. (2014) S.159)

Abb. 9e-1: Vor- und Grundschulalter

5.3 Möglichkeiten positiven Einwirkens rhythmischer Erziehung	5.4 Rhythmische Übungsbeispiele
Visuell betonte Übungen mit Farben und Formen	• Zum Marsch aus Peter Tschaikowskys Nussknacker Suite, marschieren die Jungen und Mädchen mit Rhythmikstäben als Schwertern in der Hand. Dabei erproben sie verschiedene Raumwege und formieren sich zu zweit oder in Gruppen nach ihren eigenen Vorstellungen • Die Mädchen und Jungen suchen sich verschieden farbige Jongliertücher aus. Zu Saint-Saëns` „Karneval der Tiere-Aquarium“ tanzen sie in beliebigen Bewegungen durch den Raum. Später gestalten sie eine genauer festgelegte Bewegungsgestaltung mit der Gruppe. • Auf dem Boden liegen verschieden farbige Seile. Die Kinder springen zur Klaviermusik darüber. Bei Unterbrechung der Musik ruft die Lehrkraft eine Farbe. Alle Kinder stellen sich so schnell wie möglich auf das Seil mit dieser Farbe. Später darf ein Kind die Farbe auswählen und ansagen.

Abb. 9e-2: Vor- und Grundschulalter - Übungsbeispiele für Kinder bis ins Jugendalter

3.4 Die neurobiologischen Grundlagen der Persönlichkeit

Rhythmik sah schon von Beginn ihrer Entstehung ihren Sinn darin, die Persönlichkeit des Menschen zu bilden. Bis heute wird sowohl in den Angeboten für Kinder als auch in denen für Erwachsene besonders damit geworben. Man redet gern von ihrem ganzheitlichen Ansatz. Dieser Ausdruck sei aber dann hinterfragt, wenn nicht genau definiert wird, was zu dem Ganzen als zugehörig angesehen wird.

Eher trifft es zu, und so ist es vielleicht auch gemeint, wenn wir aussagen, dass Rhythmik mehrere sensorische Reize parallel stimuliert, um eine größtmögliche Wirkung zu erreichen, die der Persönlichkeit des Empfängers am ehesten dienlich ist, bzw. seine Fähigkeiten und Talente am besten fördert.

Dadurch, dass Rhythmik kein fachorientiertes Ziel im engeren Sinn hat wie in erster Linie die Musik oder der Tanz, die Bewegungserziehung oder die Bildenden Künste, ist sie flexibel in der Zielsetzung und kann sich sowohl die Situation der Gruppe zur Aufgabe machen als auch die Förderung der individuellen Bedürfnisse des einzelnen Kindes und Erwachsenen als Ziel definieren. Bewegung und Musik gehören zu den verwendeten Medien.

Diese Aussage ist unter Rhythmikern nicht unumstritten. Verbreitet ist auch die Auffassung, dass die Rhythmische Methode lediglich Zubringerfunktionen zu den oben aufgeführten Künsten habe.

Obwohl Rhythmik in dieser Funktion sinnvoll eingesetzt werden kann, distanziert sich die Autorin von dieser einschränkenden Aussage besonders, nachdem sie die Ziele der Rhythmik aus neurowissenschaftlicher Sicht reflektiert.

Dass es dringend notwendig sei, gerade Kindern größte Sensibilität und Fürsorge in der Erziehung entgegen zu bringen sei, hat sie schon immer vertreten. Aber die Erkenntnisse aus den Neurowissenschaften lassen nun keine Entschuldigungen mehr zu.

Deshalb hält es die Autorin dieses Buches für dringend notwendig, dass Rhythmik sich weiterhin und ausdrücklich mit der provokanten „Absichtslosigkeit“ (Hoellering) der Stärkung einer ausgewogenen Persönlichkeitsentwicklung des Kindes identifiziert und ihren Sinn in erster Linie darin sieht.

Um diese Aussage noch einmal zu begründen, seien die neurobiologischen Grundlagen der Persönlichkeit in diesem Zusammenhang betrachtet, mit Augenmerk zur Fragestellung des Buches besonders die Förderung der Kreativität und des Körperbewusstseins. Dies erfolgt in besonderem Bezug auf die Ausführungen von Roth/Strüber[xxxv].

Ausgehend von dem in den Sozialwissenschaften am häufigsten verwendeten Persönlichkeitstest „Big Five“ nach Eysenck sowie Costa und McCrae ergänzen Roth/Strüber aus neurowissenschaftlicher Sicht kritische Zusammenhänge und teilen in neurobiologische Grundlagen der Persönlichkeit wie folgt ein:

- Stressverarbeitung und Persönlichkeit,
- Selbstberuhigung und Persönlichkeit,
- Belohnung und Belohnungserwartung (Motivation) und Persönlichkeit,
- Bindungsverhalten und Persönlichkeit,
- Impulskontrolle und Persönlichkeit,
- sowie Realitätssinn und Risikowahrnehmung und Persönlichkeit.

Stressverarbeitung und Persönlichkeit

Die Persönlichkeitsmerkmale, die den Umgang mit Stress in jeglicher Form charakterisieren, hängen sehr stark mit der Entwicklung des Cortisolsystems zusammen. Grundsätzlich gibt es einen neutralen Ausschüttungsverlauf am Tag. Tritt eine besondere Beanspruchung in Form von Stress auf, dann wird beim gesunden Menschen der Cortisolpegel erhöht und später wieder heruntergefahren. Bei psychisch belasteten und kranken Menschen ist der Cortisolspiegel immer erhöht, steigt dann in Situationen mit Stress nicht entsprechend an und löst wiederum nicht angemessene Verhaltensweisen aus.

Es ist festgestellt worden, dass Kinder, die zuhause ungewöhnlich viel Stress erleben, am Nachmittag niedrigere Cortisolwerte aufweisen, da sie in der Kita, Schule oder im Hort entspanntere Situationen vorfinden. Bei Kindern, die ein beruhigendes Zuhause erleben dürfen, nimmt die Cortisolausschüttung einen umgekehrten Verlauf an.

Alle Kinder können im Rhythmikunterricht aufgrund eines professionellen Umgangs mit Musik und der Bewegung und einer liebevollen Hinwendung durch die Lehrkraft Stressabbau einüben. Für diejenigen, die ein unruhiges Zuhause erleben, sind Rhythmikstunden mit den Eltern, bzw. ihren Betreuungspersonen sinnvoll, da in diesen Fällen ein gemeinsamer Stressabbau und stressfreie Kommunikation erlebt werden kann.

Selbstberuhigung und Persönlichkeit

Serotonin oder besser das serotonerge System spielt bei der Selbstberuhigung eine große Rolle. Je nach Rezeptoren wirkt es hemmend oder erregend, was entweder beruhigende oder aggressionsfördernde Wirkung hat. Eine gute Balance vermittelt dem Menschen eine gute Impulskontrolle, d.h. es unterstützt darin, die richtige Wahl des Verhaltens zu treffen, ohne sich in Gefahr zu bringen oder unerwünschte Situationen zu provozieren. Eine gesunde Entwicklung ließe sich wie vorangehend unter „Stressverarbeitung und Persönlichkeit" auf ähnliche Weise in den Rhythmikstunden unterstützen.

Belohnung und Belohnungserwartung und Persönlichkeit

Das Belohnungssystem ist für die Persönlichkeit unter verschiedensten Gesichtspunkten von Wichtigkeit. Diverse Neurotransmitter und Neuromodulatoren spielen hier mit. Ihr Zusammenspiel hat zum Beispiel Auswirkungen auf die Motivation, bindungs- und handlungsorientierte Extraversion und Impulshemmung.

Bezugnehmend auf die Fragestellung des Buches richtet die Autorin an dieser Stelle allerdings ein besonderes Augenmerk auf die Kreativität.

Um 1900 begann man, psychologische Grundlagen für die Kreativitätsforschung zu schaffen. Eine entscheidende Wende allerdings trat erst 1950 in den USA ein. Vorangegangen waren eine Menge schlechte, einschränkende Erfahrungen mit einseitigen Intelligenztests, z.B. durchgeführt bei der Suche für Bewertungskriterien tauglicher Rekruten. Außerdem stellte der Ökonom Robert Solow in einem Aufsatz dar, dass jene Faktoren, die man traditionell als die wichtigsten Ursachen für wirtschaftlichen Wohlstand ansah, nämlich Arbeitskräfte und Realkapital, nur zu einem Achtel für das Wirtschaftswachstum wirksam waren.

Er hatte erkannt, dass die Restgröße, die für Wirtschaftswachstum sorgte, Innovationen waren. Nachdem sich die USA dann noch von dem Schock erholt hatte, dass die Sowjetunion ihren ersten künstlichen Satelliten, den Sputnik, ins All geschickt hatte, begann eine breit angelegte Kreativitätsforschung. Besonderes Aufsehen erregte der Vortrag „Creativity" von Joy Paul Guilford im Jahre 1950. Er stellte dem einfachen linearen, konvergenten Denken das „divergent thinking" gegenüber.

Von Edward de Bono wird diese Art des Denkens als „laterales Denken" bezeichnet. Guilford macht deutlich, dass Intelligenztests keine Antwort darauf geben, was den kreativen Menschen kennzeichnet. Die weitgehend am IQ orientierten Intelligenzkonzepte decken nur einen Teil der intellektuellen Fähigkeiten ab. Getzel und Jackson ermittelten 1962 alle Bedeutungen, die mit Begabungen in Verbindungen gebracht wurden. Sie formulierten vier Kategorien:

Problemsensitivität, Ideenflüssigkeit, Flexibilität, Originalität. Goleman sorgte für die Verbreitung des Begriffs „Emotionale Intelligenz" und hob damit auch die kreativen Fähigkeiten auf eine angemessene Ebene. Aus der Forschung heraus allerdings lässt sich zwar keine eindeutige Korrelation zwischen Kreativität und der im traditionellen, wissenschaftlich gebrauchten Sinne formulierten Intelligenz feststellen, doch man kann sagen, dass Kreativität weitgehend über den Intelligenzbegriff hinausgeht.

Intelligenz allein ist keine hinreichende Voraussetzung für Kreativität. Beide Begriffe sind Abkürzungen für jeweils sehr komplexe Phänomene, die unabhängig voneinander gebraucht werden, allerdings wohl Querverbindungen aufweisen.

Nach G. Ulmann lassen sich folgende **Unterschiede** feststellen:

- Intelligenz soll nicht befähigen, Probleme zu entdecken,
- bei der Intelligenzforschung sollen Probleme eine gewisse Schwierigkeit haben,
- bei der Intelligenz ist die Abstraktheit des Denkens wichtig,
- bei Intelligenztests wird nur die richtige Lösung gesucht (bei Kreativitätstests sucht man mehrere gute Lösungen).

Als **Gemeinsamkeiten** lassen sich feststellen:

- Probleme verschiedenster Art sollen gelöst werden,
- neue Wege sollen gegangen werden,
- und auf bereits vorhandene Probleme soll adäquat reagiert werden (d.h. ökonomisch, zielgerichtet, sozial wertvoll).

Bezugnehmend in der Diskussion um die „Big Five“ im Zusammenhang mit Kreativität ist zu lesen: „Intellect is the aspect that encompasses IQ, and it has also been associated with working memory-manipulation of information in conscious attention—which appears to be the cognitive process that most contributes to intelligence. Openness, in contrast, has been linked to implicit learning, automatic detection of patterns in sensory experience.“[xxxvi] (Intellekt ist der Aspekt, der IQ umfasst, und er wurde auch mit der Arbeitsgedächtnis-Manipulation von Informationen in bewusster Aufmerksamkeit assoziiert, was der kognitive Prozess zu sein scheint, der am meisten zur Intelligenz beiträgt. Dagegen wurde Offenheit mit implizitem Lernen (und) automatischem Erkennen von Mustern in sensorischen Erfahrungen verbunden.)

In den Sozialwissenschaften wurde also festgehalten, dass bei schöpferischem Denken und Handeln ein hoher Zusammenhang zur Intelligenz besteht, kreative Menschen auch intelligent sind, insbesondere in ihrer sprachlichen Kompetenz. Lassen wir das dahin gestellt sein und beleuchten den Punkt unter neurowissenschaftlicher Sicht. Bezogen auf die psychologischen Ergebnisse kann man grundsätzlich davon ausgehen, dass kreatives Denken im präfrontalen Cortex ausgelöst wird, also dort, wo bei beiden Denkvorgängen die höchste Dopaminausschüttung vorgefunden wird.

Bei Läsionen in diesen Hirnarealen kommt es eben auch zu Beeinträchtigungen von divergentem Denken. Man nimmt mit hoher Wahrscheinlichkeit an, dass diese Dopaminausschüttung des Belohnungssystems einerseits mit Neugier und Sensationslust und andererseits mit Kreativität zusammenhängen. „Based on the current findings, we suggest that a lower D2BP in the thalamus may be one factor that facilitates performance on divergent thinking tasks."(Basierend auf den aktuellen Befunden legen wir nahe, dass ein niedrigerer D2BP im Thalamus ein Faktor sein kann, der die Leistung bei divergenten Denkaufgaben erleichtert.)[xxxvii]

Weitere Forschungen beziehen sich auf die Arbeit und Behandlung von Menschen mit einer schizophrenen Erkrankung. Es konnte nachgewiesen werden, dass allerdings eine Dopaminzugabe per Spritze zu einer verminderten Dopaminausschüttung führt. Das bezieht man auf die Wechselbeziehung von PFC und mesolimbischen Systems. Hier hemmt Serotonin die Dopaminausschüttung.

Weitere Forschungsergebnisse führten zu der Hypothese, dass bei Schizophrenen die von Glutamat und GABA-abhängige synaptische Signalverarbeitung gestört ist. Dies soll vor allem in thalamo-cortikalem System der Fall sein.[xxxviii] Beim Blick auf kreative Persönlichkeiten bemerken wir, dass ein Sprudeln von neuen Ideen für die Sache der gesuchten Lösung Gewinn bringend ist, aber anschließend vom konvergenten Denken reflektiert und zum Einsatz gebracht werden muss.

Nicht allen gelingt das, und es besteht immer eine Gefahr, dass ein Übermaß an Assoziativität entsteht, also Wichtiges von Unwichtigem nicht mehr unterschieden werden kann. Oder andersherum gibt es Menschen, die kaum Ideen produzieren. Dies deutet alles auf die Wechselwirkung von mesolimbischem System und PFC hin. Eine der wichtigsten Funktionen darin, dass das kreative Denken und Schaffen effektiv ausbalanciert ist, wird dem thalamischen Kern Nucleus reticularis thalami zugeschrieben.

Nucleus reticularis thalami umhüllt schalenartig den gesamten lateralen Teil des Thalamus

- erhält Kollaterale von thalamo-cortikalen und corticothalamischen Bahnen,
- steht in rückläufiger Verbindung mit den palliothamalischen und den trunco-thalamischen Kernen des dorsalen Thalamus,
- projiziert aber nicht selbst zum Cortex,
- und über GABAerge Fasern kontrolliert er die Aktivität der meisten Thalamuskerne[xxxix].

So kann festgehalten werden, dass der Nucleus reticularis thalami die wichtige Filterfunktion übernimmt, die das kreative Denken und Schaffen vor Wahnsinn und Unverwertbarkeit bewahrt. Dies funktioniert mit der wiederum differenzierten Kontrolle durch das limbische System. Viele Neurotransmitter und Neuromodulatoren steuern die neuronale Plastizität, die für ein kreatives Denken notwendig ist.

In der Fragestellung des kreativen Denkens ist noch viel Forschung nötig. Aber festgehalten werden kann, dass das subcorticale limbische System einen deutlichen Einfluss auf die Kreativität hat und zwar in höherem Maße als bei einer reinen Intelligenzleistung.[xl]

In der rhythmischen Methode werden wie beschrieben viele Vorgänge, die die Sensibilität, Flexibilität und Arbeitsweise des limbischen Systems fördern, durchlaufen. Dabei gilt es auch immer wieder, neue Gestaltungsmomente in der eigenen Bewegung, dem Unterrichtsmaterial oder der Musik zu entwickeln. Gleichzeitig ist das Ziel in jeder Stunde, die gefundenen kreativen Ideen in eine (künstlerische) Form zu bringen. In Reflektion zu den neurowissenschaftlichen Forschungsergebnissen und Hypothesen kann festgestellt werden, dass Rhythmik kreatives Denken und Tun fördert.

In den Seminaren zum kreativen Denken „wecken“ und sensibilisieren rhythmische Übungen die Aktivitäten des Gehirns, die zur Anwendung der divergenten Denkvorgänge nötig sind, zumal das kreative Denken nur in entspannter Atmosphäre gelingt.

Abb. 10: Kreativität im Seminar: Skulptur

Eine **beispielhafte** Untersuchung von Limb und Braun, 2008, aus der neurowissenschaftlichen Forschung zeigt auf, wie das in einem musikalischen Ablauf vorkommen und geübt werden kann: Als Jazzmusiker mit einem speziellen Keyboard im Hirnscanner improvisierten, fuhr der dorsolaterale präfrontale Cortex seine Aktivität herunter. Diese Region ist ja normalerweise dann besonders aktiv, wenn es um Kontrolle geht.

Limb und Braun glauben, dass bei der Improvisation genau die Systeme inaktiv sind, die den freien Lauf der kreativen Ideen bremsen könnten.

Vorteilhaft dafür, über einen kreativen Lebens- und Denkstil lebenslang verfügen zu können, ist es, schon als kleines Kind fortlaufend bis ins Schulalter Rhythmikunterricht zu erhalten und auch bei anderen Beschäftigungen nicht zu sehr einem kognitivem, Ergebnis orientierten Leistungsdruck zu unterliegen.

Bindungsverhalten und Persönlichkeit

Das Kind sowie der erwachsene Mensch hat zweifellos ein Bedürfnis nach Bindung. Menschen mit einem hochaktiven Oxytocinsystem sind das, was man heute gern als empathisch bezeichnet. Das bedeutet, sie können sich gut in andere hineinversetzen, in das, was andere bewegt und in das, was sie fühlen. Neurowissenschaftlich gesehen, zeigen sie in Stresssituationen eine hohe Oxytocinfreisetzung, während sie selbst weniger Stress empfinden und ihr eigenes Stresssystem nur mäßig aktiv ist.

„Bindungsorientierung ist aus neurobiologischer Sicht gleichermaßen von Oxytocin, endogenen Opioiden und Dopamin als Grundlage „affiliativer“ Extraversion.“[xli] Das spannende an dieser Stelle ist die Tatsache, dass die Oxytocinfreisetzung bei der Zuwendung der Eltern zum Baby und Kleinkind sowohl ihre als auch die des Kindes höher ist. Dasselbe gilt für die Paarbindung. Menschen mit einer starken Oxytocinfreisetzung sind fähig, einen positiven Einfluss innerhalb der Kommunikation auszuüben, sei es in Zweierbeziehungen als auch in Gruppen und Teams.

Die Bedeutung der Empathiefähigkeit der Rhythmiklehrkraft

An dieser Stelle ist ein Blick auf die Lehrkraft noch einmal interessant. Besonders die Hinweise von langfristiger Wirkung auf den Menschen lassen feststellen, dass eine liebevolle von Empathie getragene Zuwendung zum Kind, das Rhythmikstunden besucht, Wirkung trägt, im Besonderen, wenn das Kind schon in der Beziehung zu den Eltern in dieser Weise gestärkt worden ist.

In der Arbeit mit Erwachsenen kommt dieses Moment wiederum zur Geltung. Ein sensibler Umgang mit den Teilnehmerinnen und Teilnehmern ist die fruchtbare Voraussetzung für die Unterstützung effizienter Persönlichkeitsentfaltung und Salutogenese.

Das betrifft natürlich auch die Einstellung aller anderen Lehrerinnen und Lehrer, Erzieherinnen und Erzieher, Trainerinnen und Trainer. Aber für Rhythmikerinnen und Rhythmiker, die es sich zur Aufgabe gemacht haben, die Persönlichkeit der Kinder und der Erwachsenen zu bilden, sollte Empathie selbstverständlich mit an erster Stelle stehen.

Menschen, die über ein hochaktives Oxitocynsystem verfügen, können sich besonders gut in andere hineinversetzen, in ihre Situationen und Vorstellungen und haben ein gutes Gespür für Stimmungen innerhalb der Gruppen. Musik wirkt tragend und heilend, wenn sie in positiven Bezügen verinnerlicht werden kann.

Später stellt die Autorin in diesem Buch noch einen Bezug (siehe Kapitel 4) dazu her, dass ein Zugang zu den kreativen und musikalischen Fähigkeiten für eine ausgeglichenes Leben wertvoll ist. Deshalb ist es wichtig, dass die wertvollen Inhalte in einer positiven, oxytocingetragenen Situation vermittelt werden.

Die Autorin hat im Zuge der Vermarktung ihrer Methode nicht selten Hinweise erhalten, dass diese Form von persönlichkeitsbildendem Training stark mit ihrer eigenen Persönlichkeit zusammenhinge.

Sie wollte nicht locker lassen, dachte sogar an eine Gründung einer „Angebotskette". Die Anstrengungen führten zu einem Beratungsgespräch bei Wolfram Wördemann, der mit Andreas Buchholz europaweite Managementtrainings für die Entwicklung absatzstarker Markenstrategien durchführt.

Wolfram Wördemann hatte aus eigenem Interesse ein Rhythmikangebot bei der Autorin dieses Buches besucht. Abschließend betonte auch er, dass bei der Anwendung der Methode Rhythmik der Erfolg in der Persönlichkeit und Empathiefähigkeit der Seminarleiterin läge. Es geht an dieser Stelle nur darum, darzustellen und aus der praktischen Erfahrung heraus zu belegen, welche besondere Bedeutung das Einfühlungsvermögen der Trainerin und des Trainers für den

Beratungserfolg hat. Ebenso Roth stellt im Zusammenhang der Psychotherapie fest: „Die entscheidende Rolle der vertrauenswürdigen und einfühlsamen Persönlichkeit des Therapeuten wird niemand ersetzen können, und auch nicht dessen jahre- und jahrzehntelange therapeutische Ausbildung und Erfahrung."[xlii]

Impulskontrolle und Persönlichkeit

Für die Impulskontrolle spielt Serotonin eine bedeutende Rolle. Menschen mit einem hohen - gesunden - Serotoninspiegel sind in der Lage sich mit den Begebenheiten abzufinden und ihre Ziele zu verfolgen. Im Extremfall sorgt es für Verhaltenshemmung und Risikoaversion. Nach DeYoung wird in aktive und reaktive Impulsivität unterschieden. Die aktive Impulsivität mit einem hohen Dopamin- und Testosteronspiegel provoziert ein stark extrovertiertes Verhalten, während reaktiv impulsive Menschen mit einem niedrigen Seretoninspiegel und erhöhten Cortisol- und Noradrenalinwerten nicht zwischen bedrohlichen und nicht bedrohlichen Situationen und Menschen unterscheiden können und gewalttätig werden.

Im normalen Verlauf ist es die Aufgabe der Rhythmiklehrkraft, innerhalb der Unterrichtsangebote immer mal zu ermuntern, etwas aus sich herauszukommen oder im umgekehrten Fall, sich hin und wieder einmal zurückzuhalten. Das geht über die Bewegung besonders gut, vor allem, wenn man Musik als unterstützende Kraft hinzuzieht, je nachdem in welche Richtung der gewünschte Impuls gehen soll. Kindern vermittelt diese Vorgehensweise ein reiches Erfahrungsfeld,

Erwachsenen ein gelegentliches Aha-Erlebnis. Im extremen Fall können die Rhythmikerin und der Rhythmiker nur die Rolle des aufmerksamen Beobachters übernehmen und im Falle von Auffälligkeiten Therapeuten und Ärzte hinzuziehen.

Realitätssinn und Risikowahrnehmung und Persönlichkeit

Zu einer ausgeglichenen Persönlichkeit gehören unter diesem Gesichtspunkt alle Fähigkeiten, die sich auf ein realistisches Einschätzen der eigenen positiven Möglichkeiten an sich und innerhalb der gesellschaftlichen Umgebung beziehen.

Neurobiologisch betrachtet geht es um eine

- Balance zwischen serotonergem und dopiminergem System,
- eine hohe Aktivität des cholinergen Systems als Grundlage optimaler Aufmerksamkeit, Konzentration und für alle Attribute der Lernfähigkeit, sowie das Erfassen und Einordnen von Belohnungs- und Bestrafungsreizen,
- und die individuelle Ausprägung der Verteilung von Opioiden bestimmt die Risikovermeidung.

Rhythmik berührt die Ausbildung dieser Fähigkeiten und Prägungen weniger. Wohl aber sind alle Übungen zur Konzentrationssteigerung vor allem für das Lernen und die Steigerung der allgemeinen Aufmerksamkeit dienlich.

Da die senotonergen und dopiminergen Systeme auch in anderen Zusammenhängen Erwähnung fanden, wurde bereits auf ihre Förderung durch Rhythmik hingewiesen, was natürlich eine gute Grundlage dafür ist, bezüglich des Realitätssinns und der Risikowahrnehmung gut ausgestattet zu sein.

4. Der gesunde Geist braucht einen gesunden Körper

Abb. 11: Guincho, Portugal

4.1 Die Bedeutung von Kreativität und Körperbewusstsein für die Salutogenese

Das Leben beinhaltet in der Regel sowohl Gesundheit und frohe Zeiten als auch Krankheit und Traurigkeiten. Je nachdem wie sich diese Realitäten gestalten, kann der Weg zur Gesundheit und inneren Balance stark von einer positiven Einstellung unterstützt werden. Hiermit ist kein „schlichtes Kopf hoch - positives Denken" gemeint, sondern ein sicher trainiertes Verhalten, das alle erlernen können.

Diese Zusammenhänge beschreibt Tobias Esch besonders umfassend und wissenschaftlich belegt. Hierzu gehören unter anderem Fähigkeiten wie Entspannung, Meditation, Bewegung jeglicher Art, ausgleichende musische oder künstlerische Beschäftigung, Stressmanagement, Empathie, Gemeinschaftserleben, Zugang zu Kohärenz u.v.m.

Die Grundidee dabei ist die Erkenntnis, dass der Mensch ca. 40% seines Glückes, also seiner Zufriedenheit, selbst beeinflussen kann. Wie in den vorangegangenen Kapiteln beschrieben, fördert Rhythmik den Zugang zu einigen der hierzu benötigten Fähigkeiten. Um die eigene körperliche und auch psychische Verfassung wahrnehmen zu können, braucht der Mensch einen sensiblen Zugang zum eigenen Körper. Dieses Körperbewusstsein wird in der Rhythmischen Methode durch die Konzentration auf die eigene Bewegung und das gezielte Üben von Entspannungstechniken entwickelt.

Einerseits ist man dadurch zur Sensibilität sich selber gegenüber fähig, andererseits ist es auch eine gute Grundlage dazu, erweiternde und aufbauende Methoden zu erlernen, wie z.B. Achtsamkeit im weitesten Sinne. Ein weiterer Gedanke ist, dass dem Erreichen eines Zieles normalerweise eine Zufriedenheit (neurowissenschaftlich gesehen die Ausschüttung von endogenen Opioiden) folgt oder folgen sollte, die sich im Tun und Fühlen widerspiegelt. Dieses wahrzunehmen und zu genießen und in eine Form innerhalb des eigenen Lebensstils zu transportieren, erfordert ebenfalls ein Bewusstsein für den eigenen Körper und sich selbst. Ebenso ist eine kreative Gestaltung dieser Phase Gewinn bringend, denn man muss auch in der Lage sein, „die Feste zu feiern wie sie fallen“, wie dieses Sprichwort treffend ausdrückt.

Was aber ist der weitere Vorteil von einem kreativen Denkstil und der Fähigkeit zu kreativem Tun für die Salutogenese? Die Antwort liegt auf der Hand. Betrachten wir Krankheit und andere Lebensumstände, die wir ändern möchten, um wieder zur Zufriedenheit zu gelangen, zunächst einmal z.B. als Sackgasse oder Bewährungsprobe, sollten wir in der Lage sein, für uns gangbare Wege daraus zu finden oder die Wirklichkeit neu zu definieren und mit neuen Möglichkeiten positiv erlebbar zu machen. Ist der Betroffene in dieser Situation nicht dazu in der Lage, ist Kohärenz und Neuorientierung nur schwer zu erreichen. Ebenso dient eine kreative Lebensgestaltung der Gesunderhaltung schlechthin, da sie zu innerer Zufriedenheit führt, was nicht nur psychisches Wohlbefinden sondern auch gute medizinische Werte aufweist.

Des Weiteren wurde in der neurowissenschaftlichen Forschung festgehalten, dass das Gesundsein und Gesundwerden eng mit dem Belohnungs- und Belohnungserwartungssystem zusammenhängt, und wie oben schon beschrieben wurde, hängt dieses wieder mit dem Oxitocynhaushalt zusammen.

Alle drei Systeme werden durch Rhythmik wie oben nachgewiesen gestärkt. Im folgenden Kapitel soll der Motivations- und Belohnungskreislauf von Esch darstellt werden, um zu belegen, dass die Fähigkeit des kreativen Denkens im Sinne von Beherrschung vieler Lösungs- und Gestaltungsmöglichkeiten und Belohnungsmustern im eigenen Leben zur Gesundheit führt.

4.2 Die Neurobiologie des Glücks: Das Prinzip des Motivations-/Belohnungskreislaufs

Sobald der Mensch für die Erhaltung seiner Existenz und seines grundsätzlichen Wohlbefindens die nötigsten Vorkehrungen erfolgreich getroffen hat, ist er auf der Suche nach Sinn, Zufriedenheit und Erfüllung. Diese Inhalte hängen miteinander zusammen, sind aber nicht zwingend dasselbe, und das Streben danach geht durchaus in verschiedene Richtungen.

Tobias Esch hat es sich als Arzt und Neurowissenschaftler zur Aufgabe gemacht, den Menschen zur Verfügung zu stellen, was die Wissenschaft zum jetzigen Zeitpunkt an Ergebnissen zur Lebenszufriedenheit, respektive Glück, erforscht hat, und Unterstützung darin anzubieten, wie diese im praktischem Leben umzusetzen sind. Sehr anschaulich spricht er von drei Belohnungs- und Motivationssystemen: „Typ A, B und C".

Jeder Mensch verfügt im Ablauf seines Lebens über diese drei ineinander greifenden Typen. Dieses geschieht in in sich ständig wiederholendem Maße, bezieht sich aber auch auf die Sichtweise auf das ganze Leben.

Sind diese Abläufe stimmig, kann von einem gesunden, glücklichen Leben ausgegangen werden.
Da die Richtungen und Ergebnisse dieser Forschungsarbeiten sehr breit gefächert sind, soll im Rahmen dieses Buches nur ein wesentlicher Zusammenhang dargestellt werden, nämlich das Prinzip des Motivations- und Belohnungskreislaufs.

Typ	Typ A = Wanting	Typ B = Threat-Avoidance	Typ C = Non-Wanting
Verhalten	• Wollen • Bekommen • Erstreben • Erreichen • Lust • Vergnügen • Abenteuer	• Angstbekämpfung • Stressregulation • Entkommen • Vermeiden	• Vertrauen • Ruhe • Entspannung • „Verankern" • Ankommen • Zufriedenheit • Haben • Wiederherstellen
Verortung im Gehirn	limbisches System	limbisches System und Stressachsen	limbisches System, einschließlich Hypophyse, Hirnstamm

Abb. 12: Die drei Motivations-/Belohnungstypen nach Esch

Gelingt die Umsetzung dieses Kreislaufs, darf in großem Bogen angenommen werden, dass dieser unter anderem wesentliche Voraussetzungen zum glücklich werden beinhaltet.

Auf ein ganzes Leben bezogen stellt sich dieser Kreislauf natürlich sehr vielseitig dar, und Esch beruft sich auf sehr akribische neurowissenschaftliche Untersuchungen und differenziert auf das Genaueste in seinen Darstellungen. In diesem Großen und Ganzen hat der Motivationskreislauf folgende Bedeutung. Er beruht auf den Funktionselementen, wie sie im limbischen System angelegt sind. Der Mensch benötigt Antrieb und Neugierde verbunden mit adäquaten Belohnungen, um Handlungen und Verhalten zu realisieren.

Esch führt auf, dass sich Motivation, Belohnung und Verhalten (Handlung) immer wieder untereinander in Form eines Kreislaufes gegenseitig bedingen.[xliii]
Die Betrachtung eines Motivationskreislaufs erlaubt dann in jeder Form der Beratung (Medizin, Pädagogik, Coaching) an jeder Stelle einen Einstieg, was wiederum positive Auswirkung auf die anderen Momente des Kreislaufs hat. Dies ist sowohl für die Lerntheorie und Pädagogik wichtig, als auch gerade für die Medizin, denn die erworbene Zufriedenheit führt nachweislich zu besserer Gesundheit.

Auf Rhythmik bezogen ergeben sich zwei Aspekte. Die frühe Arbeit mit kleinen und älteren Kindern und Jugendlichen vermittelt wie in den vorangegangenen Kapiteln aufgeführt ein breit angelegtes Belohnungserwartungs- und Belohnungssystem. Dieses unterstützt den von Esch benannten

Motivations- und Belohnungskreislauf. Denn um hier erfolgreich zu sein, muss der Mensch neben einem intakten neurologischen Haushalt über diverse Möglichkeiten der Auswahl von ihn interessierenden Tätigkeiten und ihre Anwendung verfügen können. Entsprechend müssen sie Belohnungen versprechen.

Dies geschieht zunächst oder meistens unbewusst, kann aber auch bewusst Anwendung finden. Der zweite Aspekt bezieht sich auf die rhythmische Arbeit in Seminaren. Auch wenn der Weg, sich neue Verhaltensweisen anzueignen, im Erwachsenenalter mühsamer ist und eine Weiterentwicklung nicht so grundlegend und umfassend wie im Kindesalter sein kann, können hier viele Impulse dazu gegeben werden, einen Zugang zum eigenen Körper zu entwickeln und Kreativität zu wecken und zu fördern. Dazu ist es nie zu spät.

5. Zusammenfassung

Die Ziele der Rhythmik sind vielfältig. Sie reichen von künstlerischen über musik- und tanzpädagogischen hinaus bis hin zu heilpädagogischen und therapeutischen Inhalten. Der persönlichkeitsbildende Aspekt der rhythmischen Methode nimmt dabei eine starke Ausprägung an. Die Historie stellt zwar zu Beginn eine vorwiegend künstlerische Ausrichtung dar, betont aber zeitgleich die befreiende und heilende Wirkung für die innere Balance des Menschen. Hieraus ergab sich gleich zu Beginn ein Spannungsfeld, in welche Richtung es gehen sollte.

Daher entwickelte sich Rhythmik im Laufe der Jahrzehnte teilweise in recht unterschiedliche Richtungen. Das hing zusätzlich unweigerlich mit den Umständen der Weltkriege zusammen und damit, dass sich mit ihr viel verbinden ließ und noch lässt. Umfassend und detailliert wurden Inhalte und Ziele von Rudolf Konrad dargestellt. Diesbezügliche Evaluierungen sind nicht erfolgt oder nicht bekannt. Wissenschaftliche Untersuchungen der Wirkung von Rhythmik gibt es soweit bekannt ist ebenfalls nicht.

Um einen Schritt in diese Richtung zu gehen, stellt die Autorin in diesem Buch den Bezug von neurowissenschaftlichen Forschungsergebnissen zu den Zielen rhythmischer Erziehung dar. Hierbei wurde festgestellt, dass die neurowissenschaftlichen Grundlagen der Persönlichkeit nach Gerhard Roth und Nicole Strüber Verhältnismäßigkeiten aufweisen, die durch die rhythmische Arbeit positiv beeinflusst und unterstützt werden können. Bei Betrachtung der kindlichen Entwicklung und der kindlichen Psyche unter neurobiologischen Gesichtspunkten in starker Anlehnung an die Forschungsergebnisse und Ausführungen von Gerhard Roth und Nicole Strüber kann die rhythmisch-musikalische Arbeit in besonderem Maße in der Kindheit als sinnvoll bewertet werden. Die beruhigende Wirkung von Musik und Entspannungsarbeit unterstützt die positive Stressverarbeitung und das Selbstberuhigungssystem, der empathische Umgang der Rhythmiklehrkraft mit den Kindern und Jugendlichen fördert das Bindungsverhalten, vielfältige Übungen entwickeln die Impulskontrolle, die Belohnung- und Belohnungserwartung (Motivation) wird durch den starken Anteil an Inhalten zur Kreativitätsentwicklung in Verbindung mit lustvoller Bewegung und dem engen, liebevollen Kontakt zur Rhythmiklehrkraft gestärkt und die Bewegungsarbeit, die auf individuelle Bedürfnisse eingeht, unterstützt weitläufig die positiven Entwicklungen des Gehirns.

Die vier Ebenen des limbischen Systems nach Gerhard Roth und Manfred Cierpka machen deutlich, dass gerade in der frühen Entwicklung des Gehirns bis zum Alter von drei Jahren bedeutende Weichen gestellt werden, die durch Rhythmik, eine sorgfältig angepasste Methodik sowie eine einfühlsame Rhythmiklehrkraft im Besonderen positiv beeinflusst wird. Auch über diese Zeit hinaus unterstützt rhythmische Erziehung.

Aber auch in der Erwachsenenbildung hat Rhythmik eine nicht unwesentliche Bedeutung und kann an unbewusste Regionen andocken. Zum Teil werden bereits abgespeicherte Erfahrungen wieder bewusst und können reflektiert werden oder neue Erfahrungen die positive Weiterentwicklung fördern.

Aus der Fülle der damit verbundenen Inhalte wurde die Entwicklung von Körperbewusstsein und Kreativität in diesem Zusammenhang besonders beleuchtet, da die Autorin sie für ein ausgeglichenes zufriedenes Leben und eine erfolgreiche Salutogenese als besonders Gewinn bringend hält. Die Entwicklung kreativen Tuns und Denkens hängt eng mit dem Belohnungs- und dem Belohnungserwartungssystem zusammen, diese wiederum mit dem Bindungssystem. Diese Systeme werden durch die kreativen Übungen der Rhythmik positiv beeinflusst und mit Musikerleben verankert.

Der Empathiefähigkeit der Rhythmiklehrkraft kommt hier eine große Bedeutung zu. Denn aus neurowissenschaftlicher Sicht sind positive Bindungserfahrungen unerlässlich für eine gesunde psychische Entwicklung und stellen zusätzlich eine Bedingung für eine erfolgreiche Weiterentwicklung älterer Kinder und Erwachsener in der rhythmischen Arbeit dar sowie für die Behandlung negativer Auswirkungen früherer Erfahrungen. Hier nehmen die neurowissenschaftlichen Erkenntnisse eine beratende Position gegenüber der erfahrenen und gut ausgebildeten Rhythmikerin, respektive dem Rhythmiker, ein.

Tobias Esch beschreibt drei Belohnungs-/Motivationssysteme, Typ A, B und C und belegt mit seiner breit angelegten Forschungsarbeit ihre positive Auswirkung auf die Zufriedenheit, das Glück und die Salutogenese. Diese Zusammenhänge belegen, dass die in der Rhythmik erworbenen Fähigkeiten des kreativen Denkens und Schaffens und die Sensibilisierung des Körperbewusstseins durch die konzentrative Bewegungsarbeit es dem Menschen ermöglicht, sein Leben interessant zu gestalten und in Engpässen Lösungen zu finden, um wieder zu Kohärenz, Resilienz und Zufriedenheit zu gelangen, was wiederum die Voraussetzung für ein gesundes erfülltes Leben ist.

6. Resümee

Rudolf Konrad hatte sich unter Berücksichtigung des Forschungsstandes in den siebziger/achtziger Jahren des letzten Jahrhunderts zu keiner weiteren Behauptung hinreißen lassen als der, dass Rhythmik lediglich die Kreativität im Ausdruck der menschlichen Bewegung fördere. Vermutlich ging er davon aus, dass nur die motorischen Areale des Gehirns diesbezüglich aktiv würden. Glücklicherweise kann die neurowissenschaftliche Forschung in der letzten Zeit große Erfolge und Fortschritte aufweisen.

Auf Grund dieser Ergebnisse konnte die Autorin in diesem Buch zur Feststellung gelangen, dass das wiederholte Finden von kreativen Lösungen innerhalb der rhythmischen Methode bedingt durch die Plastizität des Gehirns eine positive Wirkung auf die neurobiologischen Systeme hat, die für kreative Denkprozesse zuständig sind.

Die rhythmische Methode unterscheidet sich von allen anderen ähnlichen Verfahren explizit durch die enge Verbindung von Musik mit der Bewegung und deren Wechselwirkung und des sich grundsätzlich anschließenden Ergebnisses einer Formfindung. Wird Rhythmik nicht auf eine Zubringerfunktion zu anderen Künsten reduziert und darf sich auf die Stärkung der persönlichkeitsbildenden Entwicklung konzentrieren, was durchaus künstlerische Elemente enthält, vermittelt dieser Zusammenhang auf sehr eigene Weise eine positive Entwicklung auf die psychoneuronalen Grundsysteme des Menschen.

Darüber hinaus entwickelt sie in ihm die Fähigkeit, einerseits sich mit künstlerischem, kreativem Tun Erfüllung zu verschaffen und andererseits kreative Problemlösungen zu entwickeln.

Zusätzlich vermittelt die konzentrative und kreative Bewegungsmethode den Zugang zur Achtsamkeit, Entspannung und Meditation. Diese Ergebnisse dürfen mit Recht als Voraussetzung für eine erfolgreiche Salutogenese und das menschliche Glück angesehen werden.

Abschließen möchte die Autorin mit einem Plädoyer, das nicht oft genug ausgesprochen werden kann: mehr Möglichkeiten, Zeit und Geld für Bildung und die Einrichtung von weiteren Masterstudiengängen im Fach Rhythmik.

7. Literaturangaben

Buchholz, A. & Wördemann, W. (1998): Was Siegermarken anders machen (Wie jede Marke wachsen kann) Düsseldorf und München, 1998

Bünner, G. & Röthig, P. et al. (1971): Grundlagen und Methoden rhythmischer Erziehung ,Stuttgart, 1971

Cleynes, M. (1982): Music, Mind and Brain, New York

De Bono, E. (1990): Six Thinking Hats, London 1990

DeYoung, Colin G. "Cybernetic Big Five Theory." 16. Juli 2014. Zugriff am 13. November 2016. http://www.tc.umn.edu/~cdeyoung/Pubs/DeYoung_2015_CB5T_JRP.pdf.

John Hopkins Medicine (keine Angaben zum Verfasser) „This is Your Brain on Jazz: Researchers Use MRI to Study Spontaneity, Creativity" February 26, 2008. Zugriff am 13. November 2016 http://www.hopkinsmedicine.org/news/media/releases/this_is_our_brain_on_jazz_ researchers_use_mri_to_study_spontaneity_creativity

Esch, T. (2012): Die Neurobiologie des Glücks, 2. Aufl., Stuttgart, 2014

Esch, Tobias, Massimo Guarna, Enrica Bianchi, Wei Zhu, George B. Stefano (2004) Online im Internet (PDF): „Commonalities in the central nervous system's involvement with complementary medical therapies: limbic morphinergic processes" WWW.MEDSCIMONIT.COM © Med Sci Monit, 2004; 10(6): MS6-17 PMID: 15173679

http://www.medscimonit.com/download/index/idArt/11689, S. 12

Feudel, E. (1949): Durchbruch zum Rhythmischen in der Erziehung, 2. neubearbeitete Auflage, Stuttgart 1965

Goleman, D. (1995) Emotionale Intelligenz, 10 Aufl., Wien und München, 1999

Hoellering, A. (1968): Zur Theorie und Praxis der rhythmischen Erziehung, 3. Aufl., Berlin-Charlottenburg, 1972

Hoellering, A. (1979): Die Bedeutung der rhythmisch-musikalischen Erziehung in der Psychotherapie, in: Hilarion Petzold (Hrsg.); Psychotherapie und Körperdynamik, Paderborn 1979

Jaques-Dalcroze, E. (1921): Rhythmus, Musik und Erziehung, (Aus dem französischen übertragen von Dr. Julius Schwabe), Göttingen/Wolfenbüttel, 1977

Jaques-Dalcroze, E. (1942): Souvenirs, Notes et critiques, Paris 1942

Konrad, R. (1992): Die Schule von Sokologorowka (Ein Musiker in Krieg und Gefangenschaft), Frankfurt am Main, 1992

Konrad, R. (1984): Erziehungsbereich Rhythmik (Entwurf einer Theorie), Neuauflage, Seelze-Velber, 1995

Manzano, de, Örjan, Simon Cervenka, Anke Karabanov, Lars Farde, Fredrik Ullén (2010) Online im Internet: "Thinking Outside a Less Intact Box." Thinking Outside a Less Intact Box. May 17, 2010. Accessed November 1, 2016. http://journals.plos.org/plosone/article?id=10.1371/journal.pone.0010670., Seite 3

Perrottet, S. (1995): Ein bewegtes Leben, Weinheim, 1995

Roth, G. (2001): Fühlen, Denken, Handeln (Wie das Gehirn unser

Verhalten steuert Neue, vollständig überarbeitete Ausgabe), Frankfurt am Main, 2003

Roth, G. (2007) Persönlichkeit, Entscheidung und Verhalten (Warum es so schwierig ist, sich und andere zu verändern), 10. Aufl., Stuttgart, 2015

Roth, G. (2011) Bildung braucht Persönlichkeit (Wie Lernen gelingt), Stuttgart, Überarbeitete und erweiterte Auflage 2015

Roth, G. & Strüber, N. (2014): Wie das Gehirn die Seele macht, 6. Aufl., Stuttgart, 2015

Schlegel, Katy (2006) Online im Internet: Dohrn, Wolf, in: Sächsische Biografie, hrsg. vom Institut für Sächsische Geschichte und Volkskunde e.V., bearb. von Martina Schattkowsky, Online-Ausgabe: http://www.isgv.de/saebi/ (1.11.2016)

Ulmann, G. (1973). Kreativitätsforschung, Köln, 1973

Kinderbuch „Hüpfende Lieder", ein Unterrichtswerk mit Liedern und Bildern zum Mitgestalten, Informationen unter www.institutimpuls.de oder Magdalena Küttner (magdak@gmx.de)

8. Fußnotenverzeichnis

[i] JAQUES-DALCROZE, E. (1942) S. 40
[ii] vgl. SCHLEGEL, K. (2006)
[iii] FEUDEL, E. (1965) S. 54
[iv] FEUDEL, E. (1965) S. 59
[v] vgl. KONRAD, R. (1992)
[vi] vgl. FEUDEL, E. (1965), S. 65
[vii] vgl. HOELLERING, A. (1979) S. 282
[viii] vgl. KONRAD, R. (1992)
[ix] KONRAD, R. (1995), S. 238
[x] RÖTHIG, P. (1971) S. 13-15
[xi] KONRAD, R.(1995) S. 57-120
[xii] vgl. oben S. 4-7
[xiii] KONRAD, R. (1995) S. 199
[xiv] ROTH, G., Persönlichkeit (2015)
[xv] ROTH, G., Bildung (2015)
[xvi] ROTH, G./STRÜBER, N. (2015)
[xvii] vgl. ROTH,G./STÜBER, N. (2015) S.63-64
[xviii] ROTH, G./STRÜBER, N. (2015) S.67-68
[xix] ROTH, G. (2011/2015) S. 50
[xx] HOELLERING, A. (1972) Vorwort
[xxi] ROTH, G./STRÜBER, N. (2015) S.68
[xxii] vgl. ROTH, G./STRÜBER, N. (2015) S. 68-82
[xxiii] vgl. ROTH, G./STRÜBER, N. (2015) S. 69
[xxiv] ROTH, G./STÜBER, N. (2015) S.74
[xxv] vgl. ROTH, G./STRÜBER, N. (2015) S. 79-80
[xxvi] ROTH, G./STRÜBER, N. (2015) S. 82-83
[xxvii] vgl. ROTH, G. / STRÜBER, N. (2015) S.86
[xxviii] vgl. ROTH, G / STRÜBER, N. (2015) S. 209
[xxix]vgl. ROTH, G / STRÜBER, N. (2015) S. 93
[xxx] vgl. CLEYNES, M. (1982) S. 21
[xxxi] ROTH, G./STRÜBER N. (2015) S. 95-96/144-151
[xxxii] ESCH,T. (2014) S. 127
[xxxiii] ESCH, T. et al. (2004)
[xxxiv] vgl. ROTH, G./STRÜBER, N. (2015) S.153-183

[xxxv] ROTH, G./STRÜBER, N. (2015) S. 188-199
[xxxvi] DEYOUNG, C.G., (2014), S.45
[xxxvii] MANZANO, Ö., ad al. (2010), S. 3
[xxxviii] vgl. ROTH, G. (2003), S. 191-193
[xxxix] vgl. ROTH, G. (2003), S.193-194
[xl] vgl. ROTH, G. (2003), S. 195
[xli] ROTH, G./STRÜBER, N, (2015) S.194
[xlii] ROTH, G./STRÜBER, N, (2015) S. 384
[xliii] vergl. Abb. ESCH, T. (2014) S. 119

9. Abkürzungsverzeichnis

d.h.	das heißt
GABA	Gamma-Amino-Buttersäure
OFC	Orbifrontaler Cortex
PFC	Präfrontaler Cortex
SNA	Sympathicus-Nebennierenmark-Achse
vgl.	vergleiche
VMC	Ventromedialer (präfrontaler) Cortex
VTA	Ventral Tegmentales Areal
z.B.	zum Beispiel

10. Abbildungsverzeichnis

Titelbild	©Magdalena Küttner
Abb. 1-3, 5-7	©Winfried Küttner
Abb. 4,8,10,11	©Ida Küttner-Funke
Abb. 9a-1-9e-2	©Ida Küttner-Funke
Abb. 12	nach Esch
Bildbearbeitung	©Christian Kandels

Notizen:

Notizen: